职业形体塑造

主 编 傅 强

副主编 胡 茵 徐 恬

北京体育大学出版社

策划编辑：木　凡
责任编辑：朱　晶
审稿编辑：梁　林
责任校对：李志诚
版式设计：相　林
责任印制：陈　莎

图书在版编目（CIP）数据

职业形体塑造/傅强主编 . —北京：北京体育大
学出版社，2011.6
ISBN 978－7－5644－0720－9

Ⅰ．①职… Ⅱ．①傅… Ⅲ．①形态训练—高等职业教
育—教材 Ⅳ.①G831.3

中国版本图书馆 CIP 数据核字（2011）第 108638 号

职业形体塑造　　　　　　　　　　傅　强　主编

出　　版：北京体育大学出版社
地　　址：北京市海淀区信息路 48 号
邮　　编：100084
邮购部：北京体育大学出版社读者服务部 010－62989432
发行部：010－62989320
网　　址：www.bsup.cn
印　　刷：北京昌联印刷有限公司
开　　本：787×1092 毫米　1/16
印　　张：9.75

2011 年 9 月第 1 版第 1 次印刷
定价：28.00
（本书因装订质量不合格本社发行部负责调换）

编委会

主　编：傅　强　浙江经济职业技术学院

副主编：胡　茵　浙江建设职业技术学院

　　　　徐　恬　浙江医药高等专科学院

参编人员：沈国琴　浙江水利水电专科学院

　　　　　金丽娜　浙江医药高等专科学院

　　　　　胡乃君　浙江经济职业技术学院

　　　　　田　翔　浙江育英职业技术学院

　　　　　方淑玲　浙江育英职业技术学院

　　　　　蔡燕子　浙江育英职业技术学院

　　　　　金林群　浙江建设职业技术学院

　　　　　金　蕾　浙江经济职业技术学院

　　　　　章卫惠　浙江经济职业技术学院

　　　　　吴淑娴　浙江经济职业技术学院

　　　　　王　琪　北京工业职业技术学院

动作模特：吴淑娴

主编简介

　　傅　强　女　1962 年 9 月生人，教授，国家一级健美操指导员，国家一级社会体育指导员，国家一级健美操裁判。

　　毕业于上海体育学院，现任浙江经济职业技术学院艺术专业室主任，并担任形体塑造、健美操教师。国家级精品课程主讲教师，在国内各类体育学术刊物上发表专业性论文十余篇，并独立著有《校园女生形体训练教程》《职业女性形体设计与塑造》，分别出版于吉林大学出版社和人民体育出版社，主持过教育部"十一五"重点课题，多次带队参加各级健美操比赛并获奖。本人在第三届全国亿万妇女健身展示大赛健美操比赛中荣获一等奖。

前　言

随着我国经济和国际化进程的飞速发展，我们的企业越来越国际化，而我们的职业人士也在职场的打拼中越来越注重包装自己。那么，职业人要在现代职场中立足就需要充分理解个人形象、形体的重要性，要获得一个理想的工作并在工作中获得成功，需要依靠自身良好的素质，但这些内在的素质只有通过形象、形体才能表现出来，并合理地让人接受。在如今竞争日益激烈的就业市场上，仅仅持有资格证书，甚至拥有工作经验都还是不够的。无论你从事何种职业，要想使自己在激烈的社会人才竞争中立足，得到社会、同行以及周围人的重视，除了具备一定的专业知识和技能外，同时还需要拥有一个健康健美的形体、高雅的气质和良好的身体素质。仪表、仪态的美是对职业人举止行为的统称，包括站姿、坐姿、走姿、气质和风度等。每个人总是以一定的仪态出现在别人面前：一笑一颦、举手投足、站立的姿势、走路的步态、说话的声音、对人的态度、面部的表情等等。而所有这些外部的表现又是内在的品质、修养、学问、能力等的真实流露。

《职业形体塑造》围绕高职高专院校在校学习的艺术、表演、空乘、酒店管理、文秘、幼教、外贸等专业的培养目标，以培养学生健美的形体、高雅的气质、优美的举止和良好的身体素质，以内在美和外在美兼修为教学宗旨，同时为即将踏入职场和已经在职场打拼的职业人从理论上介绍了职业形体塑造概述；从实践上教授了职业形体塑造的练习方法；从职业场景上体验了职场礼仪和面试技巧。作者本着全面设计和塑造职业人优美的形象，健康、健美的形体为目的，总结了多年形体塑造教学经验，科学地选编并整理了适合职业人或即将踏入职业岗位的人群进行形体塑造的各种方法供大家参考。

CONTENTS

目 录

1

目录

CONTENTS

目录

CONTENTS

第一章 职业形体塑造综述

> **应知目标：**了解职业对形体美的需求；职业人形体美的内涵与基本要素；职业人的形体、形象定位；提升职业形象的途径。
>
> **应会目标：**能正确运用形体塑造理论知识进行外在美和内在美的培养；提升自身职业形象。

个人形体、形象是职业人的广告，是取得事业成功的重要因素之一。职业形象就像个人职业生涯乐章上跳跃的音符，合着主旋律会给人创意的惊奇和美好的感觉。

第一节 职业需求与职业形象

一、职业对形体美的需求

职业人如何设计自己的形象、塑造形体是一个非常重要的问题，这不仅关系到自我价值的体现和个人与他人、社会之间的关系，同时也是你的创造能力、艺术眼光以及是否具有一些职业素质的反映。一句话：你的形象、形体不仅关系到别人如何看你，而且也同样重要地反映了你如何看自己。如果你具有非凡的魅力，你就会更加自信，更加看重自己的价值，同时你也会赢得别人更多的尊重。

个人形体、形象是职业人的广告，是取得事业成功的重要因素之一。特别是我们处于商品经济高度发展的时代，职业人需要掌握一些能准确地表达自己的方法就必须学习一些在职业生涯中取得成功的技巧。在社交活动中，每个人都会给公众留下一种特定的印象，并形成一定的综合评价，这就是自我形象。一个人的形象代表他人对这个人的认知，即这个人在其他人眼里的整体表现。它包括个人的外表、谈吐、服装、行为表现、专业水平、态度、肢体语言、装饰品以及所属的周围一切事物。

在一个高效率、快节奏的竞争社会里，人们的公关意识日益觉醒，形体、形象成为一种力量，也是竞争的一种资本。生活中大家都在有意无意地塑造和关注着自身的形体、形象。那么，职业人应该具有什么样的形体、形象呢？所谓职业人是指参加社会劳动的所有人群。职业人的完美形象是综合性的思想行为表现和现实生活中生动具体的能反映精神面貌、思想感情和行为方式的外在美和内在美，是事业与生活、社会价值和社会地位的总和。

二、职业人应具备的内在形象

我们所说的良好的职业形象，指的是由内到外的美丽，美丽和漂亮不是一个概念，漂亮更多的是指表面的好看。例如，五官的精致、身段的匀称等。但美丽是散发出吸引人的魅力，美丽更多地来自内心的丰富和广博的知识等。漂亮的人未必是美丽的，美丽的人也不一定漂亮。美丽其实是一种影响力，这种影响力常表现在三个方面。首先是别人观察到的身体感觉；其次是给别人的心理滋味；第三是别人聆听到的语言感受。美丽的个人形象从身体与穿着、善良与关切、言谈与幽默对人产生影响力。

从容的人才会优雅，自信的人才会从容，自强的人才会自信，爱学习的人才能自强。掌握了丰富知识的人才可以处乱不慌、荣辱不惊，才会拥有优雅的气质风度，乐观地对待生活，热爱生活，精神饱满，神清气爽。愤世嫉俗的人可能是聪明的，但未必是智慧的。智慧的人大度、明智，分得清什么是重要的，什么是可以舍弃的，是不会被小事纠缠的人。要敢于智慧地表达自己的观点，正确地对待生活、工作中的困难和不如意。要善于跟别人交流，跟大家成为好朋友，远离各种各样的自卑、猜疑，建立自信心，精神饱满地迎接每一天。

三、职业人应具备的外在形象

在社会交往中，人们可以通过你的行为举止，判断出你的身份、地位、学识、能力，并因此而影响着对你信任的程度、交往的深度等。一个人的仪态举止是其人格的表现。优雅的坐姿、规矩的站相、稳健的步伐就是完善人格的基础表现。

姿态是人体的外部特征，姿态美是身体各部分的配合而呈现出来的外部形态的美，具有造型性因素。姿态动作的美，是基于人的体型美，但又不同于体型美，它比体型美有更深刻的意义；是人体几种基本姿态所表现出来的静态和动态的美感，它要求人的一举一动、一颦一笑都是协调的。站立时，要优美挺拔，显得精力旺盛；行走时，抬头挺胸，要英姿焕发，刚劲有力；坐卧时，要姿势平稳，规矩端正，舒适大方，这样才能突出人的健康美。

人体的姿态、动作、行为大多是后天形成的，正确优美的动作姿态，可以通过形体练习培养其正确的动作姿态，包括站立、行走、坐卧三方面的美感。做到坐要端正，站要直，走要自然，各种动作舒展大方。身体各部位处于最合理的位置，在外观上给人以美感。人的体型在一生中是不断变化的，相对而言，姿态美更为重要。稳健优雅端正的姿势，敏捷准确协调的动作，不仅本身就是一种美的造型，而且可以弥补体型的某些缺陷。

优美的站立姿势，重点在脊柱。站立应做到挺、直、高。挺，就是在站立时身体各主要部位要尽量舒展，挺胸抬头，下颌微回收，颈要直，髋、膝部不要弯曲，给人一种挺拔的感觉；直，就是站立时脊柱尽量和地面保持垂直。脊柱是人体保持优美活力姿势的关键部位，但它并不是笔直的，在颈、胸、腰等处均有向前或向后正常生理弯曲。人在站立时，只要做到微收下颌，微挺前胸，微蹋下腰，使这些正常的生理弯曲表现出来就可以给人笔直的印象；高，就是站立时身体重心要尽量提高，腿不宜分得过开。坐的仪态：坐要端正、舒展、大方。人在坐位时，臀部是支点，优美的坐姿取决于支点两侧的部位，腿和上体的姿势。不同环境与场合坐姿也是有区别的。走路的仪态：走路用腰力，要有韵律感。走路时腰部松懈，会有吃重的感觉，不美观，拖着脚走路，更显得难看。走路的优美姿态应以胸带动肩轴摆，提髋提膝，双眼平视背放松。走路的美感产生于下肢的频繁运动与上体稳定之间所形成的对比和谐，以及身体的平衡对称。

第二节　形体美内涵与基本要素

一、职业姿态美

体型美需要通过优美的姿势来表现，姿势对每个人来说是很重要的，尤其对职业人来说更是如此。正确而完美的姿态具有使身体姿势处于稳定状态的力学条件，可以保证身体各器官等系统的有效功能，减轻肌肉、韧带的紧张状态，延缓肌肉疲劳的出现。此外，正确姿势可反映出健康的精神面貌，给人以优美的感觉。反之，会影响骨骼的发育，有碍循环、呼吸、消化系统的正常功能。正确姿势的培养，应该从小就开始对日常生活中的坐、站、走、跑等基本姿势进行正确引导和训练。首先应该了解什么是正确的姿势，为什么要养成正确姿势；第二是掌握正确姿势的基本要求，进行各种正确姿势的练习；第三是形成正确姿势的习惯。

动作美是形体美的一种表现形式，它不仅从体育活动的各种动作来表现美，而且经常从人们日常生活的动作中表现美。优美的动作主要体现在以下几个方面。

（一）同姿态美紧密相连的动作

如坐、躺、立、走、跑等，经过严格形体锻炼的人，对动作或姿态都有一定的要求，他们的形态与动作会给人以美感。

（二）人们在日常的基本活动技能中所表现的动作美

如走、跑、跳、攀登、爬越等基本活动技能中，一般都有一定的技术要求——动作的合理性，表现出完成动作过程中的协调性、灵敏性和应变能力，以及显示出人体的力量和耐久力，这都会给人以美感。

（三）熟练掌握各种体育运动项目的技术动作，并在这些运动中灵活、准确地表现出动作美

姿态美和动作美的关系极为密切。姿态美有些是通过动作表现出来，而动作美在完成动作时应显示出姿态美。两者不能相互代替。姿态有动有静，而动作美是指完成各种动作省力、协调、实用，从而显示出动作美。

所谓形体塑造训练就是要以身体练习的方法增强体质、塑造体形，实现人体美的物质基础。形体美在实践中有两种性质，一是为了表演、比赛而进行的专门训练，如体操运动员、舞蹈演员的形体训练；另一种是大众性的形体训练，它是为了获得健美的体型、端正的姿态而进行的身体练习。身体练习通常在运动中称为"动作"，由各种基本活动技能所组成，经过一定的身体活动来完成。不同的方法所达到的目的也不尽相同。

人的运动器官具有较大的可塑性，经过长时间的机械用力，骨骼、关节、肌肉和韧带，可以发生一定的适应性变化，特别是肌肉，就是到老年都可能发生组织内部以至外部形态的变化而影响到人的体形。人的各项形态指标受遗传的影响，但程度有所不同，这就为改变体形提供了可能性。比如，身高、坐高、头宽、腿长、臂长等指标受遗传控制较大（如头宽占 95%，男身高占 90%，女身高占 92%），而胸围、大小腿围等受遗传影响则小（如胸围男占 54%、女占 55%），可以通过锻炼改变身体各部位的围径来改善身体各部位的比例关系，使之协调。

青少儿时期，人体的骨骼、肌肉以及脂肪的发展尚未完全定型，因此，决定体形的主要阶段在青少年时期。如能经常参加锻炼，促进骨骼的生长发育，对形成较高的身材、端正的体型是十分有益的，同时由于肌肉的发达，可使身体丰满结实起来。进入青壮年，骨骼的发育已经定型，调整体形已不可能寄希望于增长四肢和身体的长度，改变身体的形态，只能靠改善肌肉的成分，增加肌肉的围径，调整肌肉与脂肪的比例关系来改善体形。具体调节的方法，一是通过增加肌肉的同时增加脂肪，使瘦长型的人丰满起来；二是通过增加肌肉同时消耗脂肪，使肥胖型的人瘦削下来；三是通过局部肌肉的运动压挤脂肪层，使局部松弛的皮下脂肪紧缩起来，并出现肌肉块垒。

二、形体美的内涵

形体，作为一种审美对象，在审美主体中极富魅力，它具有外在和直观的特点，是引导审美主体进一步发掘审美客体内在美的关键。形体美，除静态的美以外，还存在一种动态的美。它是人类在空间活动时显现出来的一种样式变化的美，集中体现在动作姿态中。正确的姿态，既体现人的精神面貌，又关系到身心健康。在日常生活中，可供人们作为审美对象对照的，则便是坐、立、行几种基本姿态。总之，形体美反映了审美主体对体态、姿态、举止等各方面的综合评价，追求塑造形体美，既是自身追求的目标，也是基本审美要求。

在对审美认识的评价中，气质、风度、性格、知识、修养等方面的审美价值是不容忽视的，这是因为人是肉体和精神的统一体。它以姿态美为基础。如果有了较好的姿态美，那么就可能有优雅的风度。风度可以表现出人的思想品质、精神面貌、文化修养，因此相对而言，风度是一种比较稳定的精神美。对于职业人来说，落落大方、谦让有礼、热情开朗、表情自然、待人诚实、作风正派等都是风度美的具体表现。

三、形体美的基本要素

形体美的基本要素分为均衡、对称、对比、曲线。

（1）均衡是指身体各部分的发育要符合一定的比例。而这种比例关系必须符合人正常发育规律的特点，符合同年龄人的基本特征。一个健美的体型应给人产生两种感觉，即竖着的直立感和横着的开阔感。取得这两种感觉的前提是均衡。例如，头与整个身高，上肢、下肢与身高，躯干与身高的比例等，这是千百年来正常人体作用于人们的视觉所形成的一种习惯性的典型美，比如一个上身长、腿短的人出现在人们面前时，人们马上就可以得出上下不均衡的结论。均衡还指身体的协调。这种协调不仅包含人体各部分长度、围度和体积的协调，也包含色彩、光泽、姿态动作和神韵的协调。

（2）人体的对称是指左右对称，从正面或背面看身体左右两侧要平衡发展，要做到对称轴的竖直，几条水平线（肩线、髋线、眉线）保持水平位置。在正常的站姿和坐姿时，人体的对称轴一定要和地面垂直。控制人体对称轴的重要部位是脊柱，脊柱的偏斜、扭曲必然破坏人体的对称。除此之外两肩、两髋、两膝、两外踝之间的连线都要与地面保持平行。同时，面部器官和四肢也要对称。因长期从事某种单一工作、劳作或不当的生活习惯形成的不良身体姿势，都会造成身体的不对称，身体的不对称容易影响人的内脏器官的正常发育，对青少年来讲更是如此。然而，绝对的对称往往给人以呆板和僵硬的感觉。人的细小部分的不对称，往往使人生动活泼起来。如发型，所佩戴装饰品，左右稍有变化，使对称变的活泼而有丰采。

由此可知，对称美和不对称美是相对的，不是绝对的，人们应在社会实践中不断地总结美的真谛，为美化人类生活而多做工作。

（3）人的体型美要取得对比的关系效果，首先要达到性别对比效果，要取得性别的自然特征。其次要注意躯干与肢体部位，上肢与下肢的对比、关节与肌肉部位围径的对比。在人们的审美观点中，常遇到两种不同的事物并列在一起，由于它们之间的差异和衬补，使事物显得更完美。如形体上的大与小、长与短、粗与细、屈与直，节奏上的快与慢、轻与重，行动上的动与静，都可以形成鲜明的反差，相互强调、相互辉映。

人的体型也必须符合对比美的规律。人的体型要符合性别的特征，这是一种隐形的对比。男子需符合男性的阳刚之美，女子需符合女性的阴柔之美，对人的身体还要注意几个重要的对比，一是躯干与四肢的对比，躯干是人的枢轴，应该给人一种稳定的感觉。四肢是人的运动器官，则应给人以灵活的感觉，如果躯干不直，四肢僵硬，只会给人弱而笨的感觉。二是关节和肌肉部位的对比。肌肉部位粗说明肌肉发达，关节部位细，说明关节外附着的脂肪少，显得灵活一些。人的下肢是完成各种动作的支撑部位，上肢则是完成精细复杂工作的运动部位。由于功能不同，对比要求也不同，下肢要有粗线条和稳定的结构，上肢则要求有细线条和多变的结构。

（4）人的体形还应取得曲线美的感官效果，即做到轮廓流畅、鲜明、简洁、线条起伏、对比起伏恰到好处，并具有性别特征，女子曲线纤细连贯、平滑流畅，要显示出柔润之美。人体的曲线是丰富多变的，这些曲线的起伏对比应该是生动而有节奏，如胸要挺、腹要收、背要拔、腰要立、肩要宽、臀要圆满适度、大腿修长、小腿腓部稍突出、脊柱正常的生理弯曲要十分明显。

第三节　塑造完美职业形象

一、定位你的职业形象

职业形象是指与职场角色相符合的可识别的个人品牌形象。完整的职业形象定位是指个人所选择的理想的职场角色身份、相应的角色规范与个性风格。角色规范主要包括能力资质和行为准则，个性风格则概括提炼个人外在形象与行事作风的整体特征，与个性的职业形象紧密相关。

自我形象管理的基本流程包括三个基本环节：形象定位、形象展示和形象监控。

（一）形象定位

形象定位的作用在于把反映个人内涵的价值信息外延化。其主要通过一组自我职场角色的形象规范和个性风格的关键词来刻画。

1. 形象规范

形象规范是当下社会关于某类角色外在形象特征的公式，反映人们对不同社会职能角色及其所属阶层所持有的一些外在形象特征的一致的刻板印象。例如，商务谈判中，一个值得信赖的企业管理者，应当着深色的西服套装；进一步地，套装剪裁与面料质地如何，穿着细节、服饰搭配怎样，皮鞋是否干净，以及言谈举止表现出怎样的礼仪修养，都会被认为是同其身份地位高低相对应的。

2. 个性风格

如果说角色规范体现了个人职业形象中隐含的社会共性要求，那么形象风格则更多地体现出个人的个性特征。个人风格管理包括个人形象风格的识别与确立，以及积极有效地表达所确立的风格。

风格为何物？从审美角度来看，人们惯常使用"气质"好坏来描述一个人的神韵、情调和气度。个人形象风格既受先天"气质"制约，也受后天"性格"影响。性格体现了人格的社会属性，是一个人一贯的和稳定的情感、思维和行为方式。而风格的表达并非是对个体气质和性格特征的完整如实的表现，而是通过审美加工的表达，是对个人人格的外在形象表现之共性的审美提炼。

因此，个人形象风格可以是后天塑造的，但也是相对稳定的。而风格管理是通过不时的检测和修正，确保在职业生涯的每一阶段都有可延续的与角色吻合的形象风格。

（二）形象展示

如果说个人的第一印象能促进良好的社会关系的构建，那么通过言谈举止所透露出的个人礼仪和情趣修养，将影响交往各方的情感、思考、行为和关系体验，这是形象定位的更深层次的表达。

主题各异但风格一致的形象设计方案，总是在特定场合下展示。TPO原则，也就是因不同时间（Time）、地点（Place）和场合（Occasion）让形象展示恰如其分。职业形象展示最典型的场合有三种：公务场合、社交场合、休闲场合。

（1）公务场合。主要是职业人员在正常工作时间内置身其中的活动环境，包括例行办公和往来迎送等日常公务场合，以及会议、谈判、签约等郑重公务场合。

（2）社交场合。通常是指与公务紧密相关的社交活动环境，包括参观、探视、婚礼以及公共场所等一般性社交场合，还包括晚宴、聚会、舞会等隆重社交礼仪场合。

（3）休闲场合。通常指工作时间之外，自己独处或与家人朋友共度时光的环境，或与不相关者同处的公共场所。

完整的 TPO 原则，不仅要求在不同场合中仪容仪表要得体，还要求在不同场合中行为得体，举止优雅。个人要学会在不同场合下体现一致的形象定位，要学会使用适合不同场合的个人形象特征符号并了解不同场合下的礼仪规范。例如，谈判结束后马上参加晚宴的男士门，只需换一条领带或加上一条西服胸袋巾，就可迅速从公务着装转换为社交服饰。

（三）形象监控

形象监控的过程，是自我形象的解读与鉴赏的过程。通过积极有效地对形象反馈信息进行收集、整理与分析，可以判断出自己在他人心目中是否形成了符合预期的良好印象，进而在形象定位环节进行纠正。

下面列举一些简单可行的监控方法：

（1）委托法。委托专业形象顾问或具备相关知识经验的亲朋好友帮助采集和分析形象，并给予行动建议。

（2）优缺点列举法。定期罗列自己形象中的十大优点和十大缺点，据以有针对性地完善个人职业形象。

（3）偶像法。在实际生活中给自己找一个职业形象良好的可模仿和借鉴的同类角色，通过观察、比照、完善自己的形象。

（4）对比法。寻找一个在体色、体型和发肤质地等基本个体条件上与自己显著不同的时尚人士，对比双方的服饰、化妆与发型的异同点，确保自己的形象没有盲目跟随潮流，没有偏离形象定位及个性基础。

职业形象是一个内外兼修的，在职场上不要一味讲究外在美而忽视个人气质、仪态、行为举止。

二、职业形象中的仪容——培养职业亲和力的技巧

首因效应——英国著名的形象设计师罗伯特·庞德曾说："这是一个两分钟的世界，你有一分钟展示给人们你是谁，另一分钟让他们喜欢上你。"在竞争激烈的社会中，良好的第一印象是一把打开机遇大门的钥匙，是在众多竞争者中脱颖而出的敲门砖。"第一印象"在心理学当中又被称谓"首因效应"，在通常的人际交往和互动中，第一印象的形成时间是非常短暂的，第一印象一旦产生，通常会直接左右人们对此人或此事物的评价的高低，会影响别人对人的专业能力和任职资格的判断，而且在很大

程度上还会决定着此后双边关系的优劣。而一个人的仪表在社会交往过程中是构成第一印象的主要因素。

（一）仪容基础

良好的仪容是尊重宾客的需要，是礼节礼貌的一种具体表现，也是礼貌服务的基本要求。它不仅满足客人的视觉美的需要，同时也使客人感到自己的身份地位得到承认，从而在求得尊重的心理上得到满足。

1. 修面：男士魅力的亮点

男士要注意经常修面，不留小胡子、大鬓角，要注意鼻毛是否超出国境（近距离交谈时，一般只看鼻眼三角区）；男士的长发来讲，应该前发不覆额（前面头发不能挡住额头），侧发不掩耳（两侧头发不能掩住耳朵），后发不及领。

2. 化妆：女士职业形象的标志

（1）职业妆容的基本原则

职业女性上班时应化淡妆，化妆不仅对别人是一种尊重，也使自己更充满活力与信心，给生活增添光彩。化妆要突出自然美，妆色柔和，不露化妆痕迹。化妆要扬长避短，自我分析是前提，通过化妆巧妙掩饰不足，突出优点。化妆要充分体现个体的气质和性格，用化妆品体现魅力。运用色彩造型，明暗起伏，凹凸变化，引导切割，错觉效应。

职业化妆禁忌：化妆要避人，不要当众表演。不能有人无人，拿起化妆盒就开始补妆。

● 职业化妆三要素：

眼睛——是个人思想和性格的镜子。

嘴唇——是显示整体美感的先决条件。

肤色——表现人物性别个性及其健康状况。

（2）职业淡妆的技巧（七大脸型的分析）

①标准脸型：长宽比例适中，下巴细圆弧，三庭五眼均衡标准。

眉头：鼻翼与内眼角延长线上；眉峰：鼻翼与眼珠外侧的延长线上；眉尾：鼻翼与外眼角的延长线上；眉头尖与眉尾尖应在统一水平线上；标准眼线：内眼角细、外眼角粗而向上翘；标致腮红：最高不能超过外眼角，最低不能低于嘴角与鼻翼的1/2处，最内是眼珠内侧到内眼角的1/2处；标准的唇：上1/3、下2/3。

②圆脸：脸型圆润丰满，额头及下额偏圆。

修饰技巧：侧影色涂于腮两侧，亮色涂于额中部并一直延伸至鼻梁至鼻尖处；眼睛下方的外眼角处涂亮色；眼影：内眼角用重色强调，外眼角眼影不宜向外延伸，如果延伸出去会加宽脸型，使脸型更圆更宽；眉形：眉毛适合标准眉，修正时眉头压低，眉峰挑起，眉尾略短；鼻修饰：鼻子挺直，用硬线条争强立体，以减弱圆形脸的宽度感（用相反效果制作立体）；腮红；纵向、过渡自然。

③方脸：前额宽额骨方正，脸的长度和宽度几乎相等，给人感觉比较稳重、干练、缺少女性的温柔气质，化妆时以圆线条居多。

修饰技巧：侧影涂于腮两侧和额头两侧；亮色涂与"T"字部位，眼睛外侧的下方涂亮色，斜向涂；有鼻根处开始顺着脸型画出略有弧度的眉，不可化细（眉头粗起到集中作用）；眼影：渐层法，色彩浅亮色系。

④长脸：脸型纵向感突出，给人生硬的感觉。特征：面部缺乏柔和感。

修饰技巧：侧影涂于发际线和小额部，削弱脸型的长度感；眉毛适合平直的自然眉，眉尾略长，加强面部的宽度；眼影：首重色在外眼角并向外延伸（会使脸短一点）；鼻头处可以打一点暗影；腮红横向晕染。

⑤由型脸：上窄下宽，显得富态。

修饰技巧：侧影用于两腮及双下巴，亮色涂于"T"字部位；眉峰向外移；腮红，斜向打，略向上，笑肌上方处；眼影色的重点在外眼角。

⑥倒三角型脸（瓜子脸）上宽下窄。

修饰技巧：侧影涂于额头两侧及较尖的下巴；亮色涂于"T"字部位；眉毛不符合太大弧度的眉；眼影适合多种各式方法；腮红横向晕染。

⑦菱形脸（钻石脸），上额角比较窄，下巴尖，颧骨突出（上窄下窄中间宽）。

修饰技巧：侧影色用于颧骨两侧及较尖下巴，亮色涂于"T"字部位；眉头处略粗，眉峰往后移，眉形略平，眉尾略短；眼影：色调柔和，用色可以向外眼角延伸，加宽两额角；腮红斜向打，与侧影融合重叠。

（3）职业人士的发型要求

选择整洁、规范、长度适中、款式适合自己的发型。头发要常理，常洗，保持干净。男士：前发不附额，侧发不掩耳，后发不及领；女士：工作等重要场合，长发不能自然披散过肩，最好束起来，或者盘起来。

（4）职业人士发型修饰技巧

发型与脸形相辅相成，关系密切。适当选择和修剪，则可体现两者和谐之美。

圆形脸——宜头发侧分，长过下巴，最为理想。

方形脸——侧重于以圆破方，拉长脸形，采用不对称发缝和翻翘发帘，增加变化。

长形脸——重在抑长，保留发帘，增加两侧发量和层次。

梨形脸——力求上厚下薄，头发上肥下瘦，适当补偿。

心形脸——宜选短发，露出前额，增多耳下发量，选择不对称发型。

总之，发型应扬长避短，体现悠悠风韵、勃勃生机。

● 生活中要注意：

（1）掌握正确的仪容礼仪，能给交往对象留下良好的第一印象，使对方愿意接近，为进一步深入交往奠定基础。

（2）若有若无、出神入化、自然而然，则是职业化妆的最高境界。

三、职业形象中的仪表——职业形象塑造的个性化分析

合适的穿着打扮不在奇、新、贵上，而在于你的穿着打扮是否与你的身份、年龄、体型、气候、场合等相协调。正如著名哲学家笛卡尔所说，最美的服装，应该是"一种恰到好处的协调和适中"的服饰。

（一）职业着装的基本原则

1. 适宜原则

职业服饰选择要遵循"职业第一、美丽第二"，职业服饰不是为了漂亮而穿着，是为了成功而建立形象，要穿出职业气质和角色意识。不同的行业和领域，不同的企业和公司，不同的企业文化背景是决定了不同服饰形象的重点和着装的规则。所以职业服饰的选择首先要适宜职业所在的背景。

2. 和谐原则

质地统一，领带与西装、衬衣的统一；色彩统一，职业着装的各个组成元素在色彩上应协调一致；服饰统一，指服装和饰品的统一，要注意以细节的变化来烘托整体服饰效果；遵守惯例，职业着装是约定俗成的一种国际惯例着装形式。

3. 个性原则

职业服装的配色款式也可千变万化，每个人要根据自己个人年龄、体形、肤色、职业、爱好等条件来选择服饰，要符合身份，扬长避短。即选择从色调上、款式上、流派上、做工与剪裁上都适宜自己的职业服饰。

（二）男士服饰的选择

1. 男士服饰选择

● 西装：

身长过虎口，袖长达手腕（比衬衫袖短），肥瘦合体有型，穿好后，衬衫领应高过西装领口（两露白）。着西装，忌衬衫下摆外露，袖不扣紧或翻卷，内着高领衫。胸袋和两侧口袋为装饰袋，不装或很少装物，内侧两袋为实用袋。二粒扣系上扣，三粒扣系上或中扣，单排扣可敞开，双排扣立式系紧，坐姿可敞开。深色西装高雅庄重，适宜各种场合。保持清洁，平整。

西裤——合体有型，裤脚达脚背，盖过鞋后沿，腰间以插入一手为宜。侧袋为装饰袋，后袋为实用袋。色泽、质地与上装一致为好。

衬衫——较多选择浅色，两指、一指原则，纯棉加厚。

领带——领带的长度以到皮带扣处为宜，过长过短都不合适。色彩一般以深蓝色、红色、褐红色、褐色为主。

鞋袜搭配——正式场合配西装，必须是黑色系带式皮鞋、黑色袜子；非正式场合配休闲西装，可配无带皮鞋。颜色与下装搭配协调。配深色袜子。

配饰——佩饰、领夹、袖口、眼镜、手表、皮夹、手帕、香水、皮带、公文包。

2. 男士服饰搭配

● 基本搭配：

冬装，深色西装＋同色系浅色衬衫＋同色系小花纹领带＋黑色或棕色皮鞋；夏装，长袖衬衫＋同色系小花纹领带＋深色长裤（西裤）＋黑色或棕色皮鞋。

● 推荐色彩搭配

黑色西装：庄重大方、沉着素静，搭配白衬衫＋红黑领带；中灰西装：格调高雅，端庄稳健，搭配暗灰衬衫＋银灰领带；暗蓝色西装：格外精神，搭配灰蓝衬衫＋暗蓝色领带；墨绿色西服：典雅而华贵，恬淡而生辉，搭配中黄色衬衫＋深黄色领带；咖啡色西服：风度翩翩，搭配黄褐色衬衫＋咖啡色领带。

3. 领　带

（1）领带的打法

宽长，窄短、宽右，窄左、宽压窄；宽向左上绕一圈（或宽再右上绕一圈）；宽向结后往结前绕一圈；宽由结后向结中间穿出；右手抓窄，左手扶领结向上推；长度正好盖住皮带头。例如，四手结、温莎结。

（2）不同款式的领带

斜纹：果断权威、稳重理性，适合在谈判、主持会议、演讲的场合；圆点、方格：中规中矩、按部就班、适合初次见面和见长辈上司时用；不规则图案：活泼、有个性、有朝气、较随意，适合酒会、宴会和约会。

4. 男士西装的三个三原则

三要件：西服、衬衫、领带。

（1）三色原则

服饰三要素指的是色彩、款式、面料。三色原则就是色彩问题，是服饰三要素的基本问题，是指服饰色彩在正规场合时，全身的颜色不得多于三种，包括上衣、下装、衬衫、领带、鞋和袜。当然这三种颜色指的是三大色系，可以深浅不同。

（2）三一定律

鞋子、腰带、公文包这三个地方的颜色应该一致，即为三一定律。通常都采用黑色，协调美观、搭配到位。

（3）三大禁忌

穿西装时左边袖子上的商标没有拆；有两种男士袜子在正规场合不能穿，尼龙丝袜和白色袜子不能穿；夹克配领带，短袖配领带（除非是制服）。

（三）女士服饰的选择、色彩搭配与饰品搭配

1. 服饰选择基本原则

在办公室内以穿着西装套裙或长裤为宜；款式以简洁大方为好，不宜太复杂、装饰太多；华丽或性感的服装不适合办公室的女士；避免显得清纯、学生味太浓，让人感觉幼稚。注重细节：发型文雅、庄重，梳理整齐，长发要用发夹夹好，不能染鲜艳的颜色；化淡妆，面带微笑；着正规套装，大方、得体；指甲不宜过长，并保持清洁。涂指甲油时须自然色；裙子长度适宜；肤色丝袜，无破洞；鞋子光亮、清洁；全身着装在三种颜色以内。

2. 色彩搭配主要方法

同色搭配：色彩相同，通过明度有层次变化相互搭配造成和谐效果，如浅蓝和深蓝；浅绿和深绿，一般上浅下深，上明下暗。

近色搭配：色环上90°以内的邻近色、相似色搭配形成协调效果，如绿和蓝中的浅绿和深蓝，黄和绿中的淡黄和深绿，两色的明度和纯度须错开，一深一浅较和谐，鲜绿配明黄就会过于刺眼。

主色搭配：选定一种起主导作用的基调和主色，配于其他色造成相互陪衬、相映成趣之效。如灰色主色服装中加一道深红装饰色，就很悦目。主色起决定影响，装饰色越少越鲜明，多处加色、加多种色就显现俗气。

3. 其他搭配

职业女性希望表现的是她们的聪明才智、能力和经验等，所以要带首饰就必须是佩带简单首饰，不要带摇摆晃动的耳环或一走路就会发出声响的项链，这样对专业形象的杀伤力极大。耳环是很重要的首饰，但不宜太长太大，虽然眼镜让人感觉文气，但它抹杀了女性特有的亲和力，比较古板刻薄，尽量带隐形眼镜，手提包要精小细致，不要塞得过满；皮包，围巾的颜色要跳一些；鞋，可穿前包后包或前包后露式样，最好穿中跟船型单色皮鞋，色与衣相配，或黑色鞋，清洁擦亮；饰物，最多不超过 3 件，要与服装、体貌、环境和谐，饰物间也要相配；指甲，清洁，不涂怪色，长短方便工作；气味，香气不浓不怪。（图 1-1）

发型文雅、庄重，
长发可用发卡梳好

化淡妆、面带微笑

正规服装，大方、得体

指甲不宜过长，保持干净
涂指甲油时需自然色

裙子长度适宜

肤色丝袜，无洞

鞋子光亮、整洁

图 1-1

● 生活中要注意职业着装六不雅：

不能过分杂乱——有的男士衬衫下摆不掖进裤子里，放在外面就像卖包谷的一样；有的男士打领带时觉得天气太热，就把领带拉开一半，让人感觉像"伪军"来了。

不能过分短小——比如跨栏背心、短裤、露脐装、非常明显的过短时装都不能穿；还要考虑内衣和外衣的协调问题，不要让内衣或准内衣时不时溜达出来，也不要穿套装时动不动就把腰带露出来；还要注意静止和动态情况下，内外衣协调问题。有的人一蹲，就让内裤高于外裤。

不能过分鲜艳——衣服的颜色应该符合三色原则，太亮太跳都不可以。

不能过分紧身——正式场合紧身装不宜穿。因为工作中是强调爱岗敬业而非线条。

不能过分暴露——比如男士不能打赤膊；女士不能穿一字领，不穿无袖装、吊带裙等。

不能过分透视——有的男士穿的确良衬衫，里面背心的颜色、字一目了然。例如，红色9号数字，让大家都知道你下班后要去打球；有的女士穿着透视装，翩然而来，飘然而去，让男士看也不对、不看也不对。

第四节 职业人的形体塑造途径

一、养成良好的身体姿态

以下是我们通过查阅国内外有关资料和在长期的生活实践中总结出来的站、行、坐、卧的标准。我们衷心地希望广大准职业人能够用此标准对照检查自己，是否与此标准有所差距。

由于长期的生活习惯，使得许多人形成了一些不良的身体姿势。要想彻底改掉这些不良的身体姿势，不是短时间内可以做到的。平时应该时刻注意培养正确的身体姿势，按照标准严格要求自己，尽量改掉已形成的不正确的身体姿势，并养成长期坚持体育锻炼的习惯，使自己的身体姿势达到标准化，只要能持之以恒，一定会收到满意的效果。

（一）站

上体正直，挺胸收腹，两肩平行地面，稍向后展开。正确健美的站姿应该是头、颈、躯干和脚的纵轴在一条垂直线上，挺胸、收腹、梗颈，两臂自然下垂，形成一种优美挺拔的体态。人在站立时要做到挺、直、高，这样，人体脊柱的曲线美也就表现出来了。

（二）行

一腿自然弯曲向正前方抬起，落脚要正，膝关节伸直，后腿绷直，前脚掌蹬地使重心前移，两臂前后自然摆动。上体动作同立姿的标准。除保持站立时正确优美的姿态外，还要做到躯干移动正直、平稳，又不僵硬呆板，两臂自然下垂，摆动协调，膝盖正对前方，脚尖微外侧，行走落地时从脚跟过渡到前脚掌，两脚后跟几乎在一条直线上，两脚交替前移的弯曲程度不要太大，步伐稳健均匀。年青人不要养成走路时双肩斜、垂头窝胸、膝椎弯曲等不良姿势，长期下去，不但形象难看，还会造成脊柱后凸或侧弯、驼背的畸型，并会影响心肺功能。

（三）坐

上体正直，两肩自然下垂，高度相同，颈部梗直微前倾，两膝自然弯曲，大腿保持在水平部位，两脚掌均匀着地。优美的坐姿与站、行一样，仍然要保持挺胸、收腹。四肢的摆放也要规矩端正，不能摆得太开太大，更不能翘起"二郎腿"东倒西歪。

（四）卧

良好的卧姿能使心血管、呼吸系统在安静状态的工作中起到保证作用，并有助于消除肌肉的疲劳。人在实际睡眠中往往翻来覆去地变换姿态。为避免心脏受高压，一般为右侧卧，为避免局部受压发麻甚至出现痉挛的现象，仰卧也是较好的，不要把手放在胸上，以免压迫心脏使睡眠不宁或做恶梦。睡前要注意的事是：晚饭不要吃得太饱，睡前勿喝浓茶，室内空气要流通，睡前要用热水洗脚，不要躺在床上看书。

二、职业人的形体、形象设计

形体、形象设计是根据个人的性格特点、职业的需要等给自己定出相对适当的设计。如果形体、形象设计不准，肯定会"走形"、"扭曲"。比如，作为未来的职业女性的女大学生的形体、形象，应设计为朴实、青春、明朗、向上。虽然现代社会是一个强调个性的社会，但如果以此为由置公众审美和社会审美于不顾，越出这些定位就是不妥的。

一般来讲，职业人形体、形象设计中需要忌讳四点：一是忌怪。追求个性和以怪为美是两码事，作为职业人的形体、形象应该是以舒适、得体、大方为主。二是忌俗。要有文化品位，无论在外在形象的着装、打扮上，还是在内在形象的塑造上，都要讲究一点文化品位，不可盲目地追求时髦。三是忌粗。这主要是就语言形象和举止形象来说的，无论穿着多么得体，粗俗语言和举止都会把美好的形象毁坏。四是忌木。所谓"木"指的是对自身形象不在乎、无所谓。比如有的职业人打扮得一点特色都没有，违背一般的审美常识，他（她）们却不以为然；有的人坐姿和站姿很难看，东摇西晃、佝肩偻背，却不自知，这就是"木"。

三、提升自身职业形象

良好的职业形象不仅能够提升个人的职业价值，而且还能提高自己的职业自信心。个人形象指的主要是容貌、魅力、风度、气质、化妆、服饰等直观的包括天生的外表感觉的东西，这是一种值得开发、利用的资源。

我们日常接触到的种种形象特点，就像标点符号写在每个职业人的脸上、身上，是个人职业生涯的标点，对职业成功有着重大意义。成功的职业形象应达到几个标准：与个人职业气质相契合、与个人年龄相契合、与办公室风格相契合、与工作特点相契合、与行业要求相契合。个人的举止更要在标准的基础上，在不同的场合采用不同的表现方式。在个人的装扮上也应做到在展现自我风采的同时尊重他人感受。

职业形象就像个人职业生涯乐章上跳跃的音符，合着主旋律会给人创意的惊奇和美好的感觉，脱离主旋律的奇异会打破和谐，给自己的职业发展带来负面影响。

职业形象和个人的职业发展有着密切的关系。首先，个人的个性特征特质通过形象表达，并且容易形成令人难忘的第一印象。第一印象在个人求职、社交活动中会起到很关键的作用，特别是许多人力资源部门在招聘员工时，对应聘者职业形象的关注程度要远远高于我们的估计。甚至许多公司在面试中对职业形象方面关注的比重相当大。因为他们认为，那些职业形象欠佳、职业气质差的员工不可能获得同事和客户的高度认可，因此极有可能令工作效果大打折扣。

职业形象强烈影响个人业绩。首当其冲的就是业绩型职业人,如果自己的职业形象不能体现专业度,不能给客户带来信赖感,所有的技巧都是徒劳,特别是对一些进行非物质性销售工作的职业人,客户认可更多的是人本身,因为产品对他们来说是虚的。即使是人力资源部门的人,如果在和政府机关、事业单位、合作伙伴打交道过程中,职业形象欠佳,也极有可能把良好的合作破坏。

随着我国经济的飞速发展,随着经济的国际化进程,我们的企业越来越国际化,而我们的职业人士也在职场的打拼中越来越注重包装自己,尤其是那些已经或者即将在中国职场唱主角的 20 世纪 70、80 年代的职业人,开始理解并积极融入白领阶层的文化意识圈,中产阶层的观念已开始产生。他们对自己职业形象细节的专注,对自己职业形象价值的认识都达到了前所未有的高度,这是一种文化的进步。

复习思考题:

1. 怎样理解内在美和外在美是提升职业形象的保证?

2. 根据职业特点,如何准确定位自身形体、形象?

3. 如何养成良好的习惯,提升自己的职业形象?

4. 每人从自己的服装里分别挑出一套职业装、休闲装的搭配,并做职业定位描述(角色定位和场合),进行互相品评。

第二章　完美形体塑造方法

> **应知目标**：了解职业人的形体美标准、测量与评价；形体塑造的练习方法与健康减肥；职业人的仪态举止。
>
> **应会目标**：会运用所学知识描述形体美；会用正确手段进行形体塑造与健康减肥；懂得职业人应具备的仪态举止。

形体美是指具有健康的体魄、健美的体形、良好的姿态、高雅的气质和风度的一种综合性的人体美。用较少的时间取得最佳的形体健美效果。

第一节　形体美的标准、测量与评价

一、形体健美标准与比例

健美专家经过充分研究后，提出下列 10 项标准来衡量形体是否达到健美。这 10 项健美标准是：

（1）骨骼发育正常，身体各部分之间匀称，关节不显粗大突出；

（2）肌肉均匀发达，皮下脂肪适当，体态丰满而无肥胖臃肿之感；

（3）眼大有神，五官端正并与头部配合协调；

（4）双肩对称，男宽女圆，微显下削，无耸肩或垂肩之感；

（5）脊柱背视成直线，侧视具有正常的生理曲度，肩胛骨无翼状隆起和上翻之感；

（6）胸廓隆起，正背面略呈 V 字型，女性胸廓丰满有明显曲线；

（7）腰细而有力，微呈圆柱形；腹部呈扁平，男子有腹肌垒块隐现；

（8）臀部圆满适度，不显下坠；

（9）下肢修长，大腿线条柔和，小腿腓部稍突出，足弓高；

（10）整体感觉无粗笨、虚胖或纤细、重心不稳、比例失调、形态异常的感觉。

身高与体重，四肢与躯干等部位的比例为多少才合乎健美的标准呢？在这方面，有关专家、学者进行了大量的研究，总结出一套较适合男女性健美的测量标准。

● 男性标准：

（1）上、下身比例：以肚脐为界，上下身比例应为 6 : 8（即 3 : 4）；

（2）胸围：在腋下沿胸的上方最丰满处测量，胸围应为身高的一半；

（3）腰围：在正常情况下，量腰的最细部位，腰围较胸围小 5 厘米；

（4）髋围：在体前耻骨平行于臀部最大部位，较胸围大 2 厘米；

（5）大腿围：在大腿的最上部位，臀折线下测量，大腿围较腰围小 20 厘米；

（6）小腿围：在小腿最丰满处，小腿围较大腿围小 15 厘米；

（7）足颈围：在足颈的最细部位，足颈围较小腿围小 5 厘米；

（8）上臂围：测肩关节与肘关节之间的部位，上臂围等于大腿围的一半；

（9）颈围：在颈的中部最细处，颈围与小腿围相等；

（10）肩宽：两肩峰之间的距离，肩宽等于胸围的一半加 4 厘米。

● 女性标准：

（1）上、下身比例：以肚脐为界，上下身比例应为 5:8，符合"黄金分割"定律；

（2）胸围：由腋下沿胸部的上方最丰满处测量胸围，胸围应为身高的一半；

（3）腰围：在正常情况下，量腰的最细部位，腰围较胸围小 20 厘米；

（4）髋围：在体前耻骨平行于臀部最大部位，髋围较胸围大 4 厘米；

（5）大腿围：在大腿的最上部位，臀折线下测量，大腿围较腰围小 10 厘米；

（6）小腿围：在小腿最丰满处，小腿围较大腿围小 20 厘米；

（7）足颈围：在足颈的最细部位，足颈围较小腿围小 10 厘米；

（8）上臂围：测肩关节与肘关节之间的部位，上臂围等于大腿围的一半；

（9）颈围：在颈的中部最细处，颈围与小腿围相等；

（10）肩宽：两肩峰之间的距离，肩宽等于胸围的一半减 4 厘米。

二、职业人标准体形测量内容和方法

（一）标准（理想）体重

标准体重也叫理想体重，简易的标准体重计算方法为：标准体重（公斤）＝身高（厘米）－105，用实测体重与标准体重进行比较，若实测体重高于标准体重的 10.0%～19.9% 为超重，20.0%～29.9% 为轻度肥胖，30.0%～49.9% 为中度肥胖，50% 以上为重度肥胖。

假如你的身高是 165 厘米，实际体重是 70 公斤。那你的标准体重应该为：

标准体重＝165－105＝60（公斤）

70/60×100%＝116%，实际体重超过标准体重的 16%，所以体型属于超重。

在这里先要说一下超重。超重是指体重超过正常标准但还没有达到肥胖水平，介于正常与肥胖之间。

超重不同于肥胖，它们之间既有区别又互相联系。超重的前景就是肥胖，也可以说超重是肥胖的一支强有力的"后备军"。所以，学会判断体重是否超重或肥胖的方法，可以对自己的体重做到心中有数。当出现超重或肥胖的苗头时，能及时调整控制，避免或预防肥胖发生。

（二）体重指教（BMI）

体重指数（body mass index，BMI），简称为 BMI，它是通过已测得的身高和体重计算得出的，计算方法为：

$$BMI＝体重（公斤）÷身高（米）^2$$

世界卫生组织提出了标准体重、超重和肥胖的 BMI 标准，即 BMI 在 20～24.9kg/m² 为体重正常，25～29.9kg/m² 为超重，30kg/m² 或以上则认为是肥胖。

由于不同国家、不同地区人群的体质并不完全相同，一些国家又根据自己国家人群的特点，在流行病学调查的基础上提出适合本国人群的体重指数分类标准。我们国家的 BMI 标准是由国际生命科学学会中国办事处中国肥胖问题工作组根据我国人群大规模调查数据分析后提出的。

我国成年人 BMI 标准为：低于 18.5kg/m² 为体重过轻，18.5～23.9kg/m² 为体重正常，24～27.9kg/m² 为超重，28kg/m² 或以上为肥胖。

通常情况下，BMI 能反映出身体的肥胖程度。但在有些特殊群体中应用 BMI 时却有一定局限性。比如肌肉很发达的运动员用 BMI 标准衡量可能属于肥胖，但实际上并不肥胖；而对于处在衰老时期的老年人来说，由于他们的肌肉组织不断减少，取而代之的是脂肪组织不断增加，即使他们的 BMI 在正常范围内，但也有可能属于肥胖。所以，这样的特殊群体不能单纯依靠 BMI 来确定他们的肥胖程度，选择测定身体脂肪含量的方法会更为准确。

（三）体脂含量

身体内的脂肪含量可以通过体脂肪仪来测定。人体内除脂肪以外的其他成分都是可以导电的，利用生物电阻抗原理，根据电流通过的难易程度了解肌肉韧重量，由此计算出体内脂肪含量。现在市场上有家用的体脂肪仪，可以用来测量体重和体脂肪含量。

皮褶厚度也是反映身体内脂肪含量的一个测量指标。专业人员可以使用一种叫做皮褶计的工具来测量你的皮褶厚度。通常测量的部位在上臂的三头肌、腹壁和背部肩胛骨下端等处。在没有皮褶计的情况下，有经验的专业人员也可以用手捏的方法来粗略估计皮下脂肪情况。比如，用大拇指和食指在上臂背侧的中部捏起个皱褶，如果这个皱褶比较厚，那就说明皮下脂肪较多，超过 2.5 厘米，你可能就属于肥胖了。

男性与女性的皮褶厚度相比有明显差异，由于女性的皮下脂肪比男性要多一些，女性的皮裙厚度也明显高于男性。

（四）腰　围

腰围是反映脂肪总量和脂肪分布的综合指标，常用来衡量腹部肥胖程度，特别是对于那些体重指数虽然正常，但腹部脂肪多的人。腰围超标可以作为独立诊断肥胖的指标，也就是说只要你的腰围超过正常标准，即使你的体重正常也一样被视为肥胖。很多科学研究结果都显示，腰围越粗的人，患高血压、糖尿病、血脂异常等疾病危险性也越大。

腰围控制在多少合适呢？一般成年男性腰围最好控制在 85cm 以下，女性腰围不超过 80cm。

测定腰围时，最好取站立位，双脚分开 25～30cm。测量位置选择在肚脐和肋骨最下缘之间的水平连线，也可以先将身体向前或向侧面弯腰，然后在出现皱褶的水平部位测量腰围。在平静呼吸情况下用软尺紧贴皮肤，但不能压迫，量出的周径即为腰围。

（五）臀围和腰臀比

测定臀围和测量腰围一样也取站立位，用软尺围量出臀部最宽位置的周径就是你的臀围。腰臀比就是用你的腰围除以臀围得出的数值。你的腰臀比如果小于1，说明你的臀围大于腰围。如果大于1，你的腰围就比臀围大。

腰臀比作为评价肥胖的方法源自国外，评价标准的制定基于对白种人调查的数据，当腰臀比：男性<0.9、女性<0.85时，即可定义为中心型肥胖（腹型肥胖）。我国流行病学调查资料显示：作为人体测量学指标，在估计肥胖程度上腰围和BMI要比腰臀比更为实用。

三、职业人形体美的评价

构成外形美的条件主要由以下五大要素所决定，即骨骼、肌肉、脂肪、皮肤、五官。骨骼是体形和容貌的支架，是体形和容貌美的重要基础。骨架的大小要适度，比例要匀称。肌肉和脂肪位于骨骼和皮肤之间，它们决定着体形和容貌的曲线美。人人都要有适度发达的肌肉，否则就谈不上健美。男孩子肌肉必须发达，而女性则要求各个部位的皮下要有适度的脂肪衬垫。其实肌肉和脂肪都是外形健美不可少的条件，肌肉使人健康，脂肪则给人以柔软和弹性感。不能过分赞扬肌肉而贬低脂肪，也不要过分地偏爱脂肪，讨厌肌肉。

人的外形美的这五大要素，是否合乎健美标准，与先天遗传因素有很大关系，但是，后天的人工塑造和施加的影响，也能在很大程度上发展先天的优点、克服和弥补先天的不足，使之接近和达到健美的标准。比如，肌肉可以通过锻炼获得，脂肪可以由饮食补充，皮肤可以保养，五官可以化妆。总之，先天优异者可以维护保持，可以突出；先天不足者，也不要灰心，通过人工塑造是可以弥补的。

形体，指人身体的形态，由体格、体形、姿态三个方面构成。人的形体美就其形成方式而言，可分为自然美和修饰美两种，而这两种美应以自然美为主，修饰美为辅。人的形体美的基本特征之一就是自然。自然形成的人体解剖结构最适合于人体的各种生理功能，它体现了人体自然形成的美，这种美是最单纯、最基本的美的形态。一切美的自然事物都在不同的方面和不同程度上具有一定的形式美，通过形式或形象美鲜明地表现出它的种类（如人、人种或民族）的普遍性和本质，因此人体的自然美又是最有一般性的美，是最有普遍意义的美。这种美带有质朴、纯真的特点，因而也是最感人的。

形体美主要指人体的外形美、身体匀称、比例和谐。表现为发育匀称（身高、体重、胸围、臀围、肩宽、大腿围等各种围度比例恰当）。一般认为关节粗大突出是不美的。X形腿、O形腿、鸡胸等都是不美的。人的体型可以通过改善营养结构、形体练习以及各种力量和耐力项目的锻炼而发生变化，这是因为人的运动器官具有不同程度的可塑性。经过长期的锻炼，骨骼、关节、肌肉和韧带可以发生一定的适应性的形变，特别是肌肉的变化，可以使人外部形状发生变化，影响人的体型。

人体各项形态指标受遗传和环境影响的比例并不一致，这就成为改变体型提供了可能性，如身高、坐高、头宽、腿长、臂长等指标受遗传影响较大，而胸围、大小腿围等受遗传影响较小。

第二节　形体塑造的练习方法

一、全面锻炼、适宜负荷、循序渐进

形体塑造，既不同于打球、跑步、游泳等运动，也与技巧、舞蹈、竞技体操等项目有区别。不是单纯的健美运动，它一方面能全面锻炼身体，另一方面又可以有重点地雕塑人体的形态，培养良好的姿态，使练习者掌握形体锻炼的基础知识、基本技能和基本技术的同时，提高形体的美感，培养良好的气质，陶冶美的情操，提高审美品位。因此，在进行形体训练中，对于基本内容的确定应采用以下方法：

形体塑造训练的目的，是要使全身肌肉有弹性，发展匀称、丰满，内脏器官机能旺盛。在选择形体训练的内容时，只有坚持身体全面锻炼，然后再加练不足的部分，才能达到这一目的。在进行形体塑造训练时若忽视整体的全面性，目的与活动单一，只发展身体的某一局部，势必导致身体片面发展，造成某些部位、器官系统、身体素质和机体能力的薄弱，既影响训练水平的提高，也易发生伤害事故。这种情况如果持续下去，就会导致身体形态和机能的畸形发展。因此，合理选择和搭配练习的内容与方法，才能保证做到扬长补短、内外结合、身心一致。

参加形体塑造训练要有恰当的生理和心理负荷量。训练的效果如何，很大程度上取决于对运动的刺激强度，太弱的刺激不能引起机体功能的变化，过强的刺激不仅不能增强体质、改善体型，相反还会损害健康。因为身体由弱变强、由丑变美，急于求成是办不到的。因此，在内部的选择上，要注意由少到多，动作节奏由慢到快，负荷由小到大，并根据实际情况，循序渐进，只有这样遵循人体发展和适应环境的基本规律，逐渐提高，才能有效地训练体型。

二、科学培养良好形态

确定形体塑造训练内容时，要以有效培养良好形态为准则，对于形态控制效果好和具有实用意义的基本体操、基本功的训练，要在各训练段中反复出现，逐步提高。对技术性较强的内容，要考虑训练本身的技术体系，又要有利于良好形态的保持，特别是对发展形体素质有利的训练内容要坚持每训必有。

各个年龄阶段进行形体训练的内容各有不同，特别是在人一生中身心发展的关键时刻：青春期和青年期。在形体训练内容层次上应与练习者年龄阶段的心理和生理发展的规律、身体素质、形态控制能力发展的现状和要求相适应。确定形体训练内容要注重系统性，逐步提高形体素质和技能要求，同时也要注重形体科学发展的新内容。

三、理论指导与实践相结合

形体的身体素质练习是艰苦的，练习者在训练时所感觉到的是吃苦和流汗，接下来的是疲劳。健身的目的明确，美体观念强的人，自己会在形体训练的苦中找到欢乐，但自控能力差的人就很难坚持下去，因此只有坚持通过采用多种的形体训练内容和方法进行训练，充分调动和激发练习者的兴趣，培养其积极主动参与心理，才能克服由于训练内容的单调、枯燥和一定的难度，而影响练习者的情绪，从而影响良好身体形态的确立和保持。

形体训练是以培养良好形态的身体练习为主要特征，但也必须重视形体训练基础知识的学习。练习者只有在初步掌握和确立良好形态的原理和方法，并运用人体相关的知识，指导自己以提高保持良好身体形态的能力。

第三节　规范的仪态举止

一、注重仪态举止的意义

在现代社交活动中，注重仪态举止是一个不容忽视的问题，良好的仪表可以塑造良好的自我形象，产生意想不到的社会效果，具有重要的意义。

(一) 树立良好的第一印象

在社会交往中，人们首先是通过仪表开始相互认识。在最初的交往中，仪表往往比一个人的档案、介绍信、证明、文凭等的作用更直接，更能产生直觉的效果。对方往往通过仪表来判断一个人的身份、地位、职业、学识、个性等等。外表给人的第一视觉印象常常会使人形成一种特殊的心理定势。修整得体的仪表能够给人留下深刻的印象，无形地左右着人们相互交往的进展与深度。从这个意义上说，仪表美是社交活动的"通行证"。

(二) 仪态举止是自尊自爱的需要

一个热爱生活、富于理想、工作作风严谨的人，应当是注意仪态举止的。仪态举止的端装大方，既体现了一个人的精神风貌，也是自尊自爱的表现。衣冠不整、不修边幅，会被认为是作风拖沓、生活懒散、社会责任感不强，难以得到人们的信任。仪态举止还体现了一种安全感，一种认真的作风，一种自信、热情、向上的精神风貌。

(三) 注重仪表是尊重他人的需要

注重仪表美是讲究礼节礼貌的表现，是对他人的一种尊重。仪表美使人们之间在思想上感情上容易沟通，有利于增进相互了解和友谊。仪表美在一定程度上起到调整人际关系，增进友谊的作用。

(四)仪态举止是职业人的工作需要

职业人的仪态举止,不仅反映个人的精神面貌,更重要的是代表良好的企业形象。职业人在各行各业从事服务、卫生、教育、管理等工作,他们每天接触大量公众,优雅的仪态举止会产生积极的宣传效果,给公众留下良好的印象。职业人的仪态举止,反映着企业的管理水平和服务质量,其对接待服务工作的影响是不可低估的。举手投足的端庄大方,能使人产生好感,取得良好的工作效果。

二、仪表美的基本要求

仪表美必须是内在美与外在美的和谐统一,要有美的仪表,必须从提高女性个人的内在素质入手。如果没有文明礼貌、文化修养、知识才能这些内在素质作基础,那么所有外在的容貌、服饰、打扮、举止都会让人感到华而不实,矫揉造作,而不会产生美感。

仪表美应当是整体的美,强调的是整体形象的效果。某一局部的美并不等于是仪表美,而且过分突出某一局部的美,会使美变得支离破碎,破坏了整体的和谐。若是追求面面俱到的美,也会使美失去平衡。若是不顾自己的特点去模仿别人,难免会俗不可耐,有"东施效颦"之嫌。美是风格,美是和谐,美是设计。仪表美应当是一种独具匠心的和谐的整体美。

整洁、卫生是树立良好的个人形象的首要条件。无论多么美丽的容颜、时髦的服装、精美的饰品,如果以窝囊、肮脏零乱的形象出现在社交场合都是大煞风景的;反之衣着整结、干净、利落会给人以精明能干的形象。一般来说,整洁卫生原则上有两个方面的要求:一是注重清洁卫生,即要注意保持身体清洁,做到勤洗头、勤洗澡、勤修指甲、勤修面,忌讳身体有异味;在参加社交活动或工作之前,不要饮酒,不要食用葱、蒜、酒等有异味的食物,以免引起他人反感;在工作岗位上不要浓妆艳抹和佩戴华贵的饰物,不要在众人面前炫耀自己。二是在保持卫生的基础上树立整齐的形象,即精神振作、服装挺括,头发要适时梳洗,发型要大方得体,避免给人以零乱、懒散之感。

三、职业人的着装风格与现代礼仪

穿着得体的现代职业人,思索的是所创造出来的整体风格如何,这包括自身的妆容、服装以及对待生活的方式。当你的穿着能够适合自己的外形特征和自己的个性,看起来好像和你本人浑然一体时,就达到整体平衡了。

今天的职业人已经大幅度摆脱传统的"制服"规范了,他们可以比较自由地穿着能展现其独特个性的衣服。功成名就的职业人在衣服的选择上有较大的弹性,不过保守还是职业人的最大特性;职业人的流行装扮不应该掩盖自己的专业职能。根据研究,的确有某些颜色和风貌,有助于提升职业人的专业形象和权威性。

辨认外形特征是寻找个人风格的第一步,你的体形和脸型绝对和别人不同。一旦你找到可以彰显自己外形特征的服装,就可以在穿着中带入让自己觉得自在的流行原素。只要你了解自己的外形特征，就能运用各种能够搭配自己特质的线条、设计、面料、比例和颜色，创造出表达个性和创意的绝佳的独特风格。

风格决定于服装的哪一种特质？让我们看看三个指标——线条、比例和颜色。这三个指标和人的外形特征有何直接关联？要记住：你的衣服应该和你的体形及脸型取得平衡和协调。它应该看起来属于你，是你的自然延伸。你的服装线条应该搭配你的身体线条。面料肌理的多寡和图案，都应该和服装线条成适当比例。

还有很多职业人在穿衣服时比较随便，比如，在办公室穿着露背装，这在国外来看简直是不可思议的。因为职业人最大的特点就是成熟、稳重、大方，随随便便的小吊带、露背装、露脐装是职业人上班时着装的大忌。

从着装上，可以直接反映出一个人的个性气质和文化底蕴，不同的人应该根据自己的年龄、体型、肤色、发型、相貌特征和个性气质，来选择最适合自己的服装。任何使你显得不够职业化的表现，都会让人认为你不适合你的职业。然而，职业形象的塑造和维护不是短时间就可以完成的，如果没有长时间的行为习惯积累，只是暂时地掩盖或修饰，并不能真正地塑造一个良好的职业形象。

形象是有形的，形象包括内在因素和外在因素。内在因素指的是人的思想水平、道德水准、文化修养等，内在因素对人的形象起着决定性的作用。但是这些重要的内部因素必须通过外部因素来实现。人们通过语言谈吐、服饰打扮、举止仪态等来展示自己的形象，体现个人魅力。一个内心世界极其丰富、思想道德很高尚的人，如果不能掌握社交礼仪、商务礼仪、仪式礼仪等必备的礼仪知识，不懂得如何通过人们约定俗成的方式表达自己，就很难得到承认和尊重，也很难树立美好的形象。因为人们更愿意接受具有良好的外形、自信的谈吐和适度的举止的人，大家普遍认为，内在因素和外在因素高度的统一，才能更好地展示个人的真实魅力。

礼仪是一种美。礼仪是人类社会实践的产物，是人们在日常生活和交往过程中为了保持社会的正常秩序而形成的一种规范，它体现在人们的实践过程之中。礼仪在客观上就具有能引起人们情感反映的属性，因而具有美的价值。礼仪一方面具有鲜明的形象性，另一方面又具有社会功利性，同时，它还凝结着人类的理想、智慧和创造力量，具有有利于人类生存和相处，有利于社会进步和发展的性质。作为职业女性，具有良好的礼仪，可以使人趋于完善，使人产生兴奋的情绪，进而产生积极的态度和行为；掌握良好的礼仪也能使人感受到具有特色的女性的美，从而更容易使交往对象产生认同感，获得交往和事业上的成功。

如果你喜欢微笑交流，即使打电话，对方也能听出来你的"笑容"；如果你做事向来井井有条，你手里的项目再多，老板也能对你充满信任；如果你从未大话连篇，即使你低调出场，下属对你也是信心百倍。所以，良好的职业形象并不是所见即所得的"声色"外表，而是一个人行事风格的综合体现。你一旦形成自己的风格，只要是真实的，你就不必琢磨是应该入乡随俗还是标新立异，你就是你，符合自己职业特点的就是最好的。

一个人的职业影响着他的职业形象，反过来，一个人的职业形象也影响着他的职业发展选择。作为职场中人，自省自己的职业形象特点，只有了解自己的能力和特色，并善于自我定位，才能积累建立自己的独特形象。

第四节　形体塑造与健康减肥

一、减肥指标与理想体重

BMI 是 Body Mass Index 的缩写，BMI 中文是"体重指数"的意思，是根据你的身高体重计算出来的。BMI 是世界公认的一种评定肥胖程度的分级方法，目前世界卫生组织（WHO）也以 BMI 来对肥胖或超重进行定义。

当 BMI 指数为 18.5～24.9 时属正常。BMI 是与体内脂肪总量密切相关的指标，该指标考虑了体重和身高两个因素。BMI 简单、实用、可反映全身性超重和肥胖。在测量身体因超重而面临心脏病、高血压等风险时，比单纯的以体重来认定更具准确性。不过需要注意的是，并不是每个人都适用 BMI。例如：

- 未满 18 岁；
- 是运动员；
- 正在做重量训练；
- 怀孕或哺乳中；
- 身体虚弱或久坐不动的老人。

如果认为 BMI 算出来的结果不能正确反映体重问题，请带着结果与医师讨论，并要求做体脂肪测试。

体重指数（BMI）＝体重/身高的平方（国际单位 kg/m）

理想体重（Kg）＝（18.5～23.9）×身高的平方（单位 m）

如计算不方便，具体也可以采用简易的例如 oslim 脂肪测量仪等电子仪器随时监测量。

表 2-1

BMI 分类 （oslim 健康）	WHO 标准	亚洲标准	中国参考标准	相关疾病发病的危险性
偏瘦	<18.5	<18.5	<18.5	低（其他疾病危险性增加）
正常	18.5～24.9	18.5～22.9	18.5～23.9	
平均水平	超重	≥25	≥23	≥24
偏胖	25.0～29.9	23～24.9	24～26.9	增加
肥胖	30.0～34.9	25～29.9	27～29.9	中度增加
重度肥胖	35.0～39.9	≥30	≥30	严重增加
极重度肥胖	≥40.0			非常严重增加

根据世界卫生组织定下的标准，亚洲人的 BMI 若高于 22.9 便属于过重。亚洲人和欧美人属于不同人种，WHO 的标准不是非常适合中国人的情况，为此制定了中国参考标准（以 Oslim 脂肪测量仪测量标准为准）。（表 2-1）

二、走出减肥误区与饮食控制

近来，肥胖已悄悄在世界范围内蔓延，正严重威胁着人类的健康。本节围绕健康减肥这个主题，对引起肥胖的因素，怎样科学减肥，合理膳食等问题进行详细解答，相信能帮你走出减肥误区，登上健康快车，走向健康苗条之路。肥胖不仅影响人们的外形美、心理状态及生活质量，更是多种疾病的诱因，也是衰老的警告！世界卫生组织已宣告"肥胖将成为全球首要的健康问题……"当今，肥胖正成为全球的流行病而威胁着人们的健康。然而，减肥目前已成为世界性的难题而被重视。减肥是继肥胖而来的又一个人类公共卫生问题。因为随意减肥不仅难以奏效，而且还可能出现意想不到的不良后果而影响健康，甚至危及生命。因此，走出减肥误区、科学控制体重亦成为当务之急。

（一）减肥误区

1. 误区一：减肥是为了体型更漂亮

根据京、沪、穗三个城市的减肥调查结果，很多医生都表示出了自己的担心："现在有相当一部分瘦弱的年轻人到减肥门诊来，他们减肥的目的不是为了健康，而是让自己看上去更瘦，因为瘦已经成为一种时尚。"

很明显，大部分人决定减肥时，其动力往往是让自己更苗条，但不知你是否想过："如果漂亮需要用自己的健康，甚至生命作为代价，到底值不值得呢？"

2. 误区二：减肥可以自行解决

严格地说，肥胖不仅仅是一个美观问题，它更是一种慢性疾病，那些真正需要减肥的人，首先要做的是去大医院的减肥门诊就医，然后在医生的指导下进行减肥行动。但在生活中，有多少人能意识到这一点呢？尤其是那些并不需要减肥的女生们，她们往往不管自己的身体是否超过标准，就自行使用减肥产品，这是非常危险的。

3. 误区三：不运动就能减肥

这是绝对不可能的。当然，你可以不运动，但减肥效果会大打折扣，而且肌肉看上去不会匀称健美。当你开始运动后，身体消耗热量的能力自然就提高了，即使处于休息状态，新陈代谢的速度也不会减慢。

4. 误区四：短时间内就能见效

这是很多减肥食品和外用药品的宣传广告，有的说"5 天让你减重 5 斤"，有的说"一周让你减 10 斤"，但你永远不要妄想在短时间内减到自己希望的体重，因为事实的真相在于：任何一种减肥药、减肥方法如果声称能达到这种效果，那么它绝对是在误导你。因为体重包含脂肪、肌肉、骨胳、器官及水份，一旦你的体重迅速下降，那么被减肥除去的并非脂肪，而是肌肉和水份，一旦停止服用，体重就会迅速反弹。

很多人总是频繁地更换减肥产品，就是因为希望迅速见效，一旦没有出现预期中的效果，就放弃，但是，短期迅速减肥对健康非常不利。

一个健康的减肥计划必须建立在长期基础上，有节奏地、缓慢地减肥不会反弹。另外，短时间减肥会让你的身体受到严重损害，更令人沮丧的是，当体重回升之后，如果想再次减肥，会变得越来越艰难，除非你具备无与伦比的毅力和决心。总而言之，减肥是一个长期过程，应与饮食、运动相结合。

5. 误区五：体重下降＝脂肪减少

你是否知道减肥的关键在哪里呢？是降低体重，还是减少脂肪？毫无疑问，人们都会选择后者。不错，减肥的关键在于减少脂肪，所以，当你站在体重计上时，千万不要被下降的数字所蒙蔽。

一般来说，体重超过标准越多的人，脂肪含量也更多，当你用蒸汽浴、用保鲜膜包裹身体跳舞或跑步来减肥，首先失去的是水份，你会觉得非常渴，因为你的身体严重缺水，当你及时补充水份之后，体重又会恢复，如果你不喝水，就会出现疲惫、抽筋，严重时甚至要进医院。另外，由于肌肉不是消耗能量最高的部分，所以一旦身体出现需求，它首先会被分解，这时，你的体重也会下降，但实际上，你的脂肪量一点儿也没减少。

有的人发现自己的体重下降之后，便开始掉以轻心、纵容自己，结果越减越胖，就是这个道理。脂肪还分为软脂肪和硬脂肪，前者减得快，后者则比较缓慢，所以，仅凭体重根本无法看出脂肪的减少，应详细记录饮食，测量三围、手臂，综合这些结果，才能知道自己减掉的是什么。

6. 误区六：不吃肉或主食可以瘦得更快

美国有两位非常著名的学者曾经提出"以素食为主的饮食计划"，将每日的脂肪量降到10％以下，再配合健身，对心脏病人有着深远的影响，还能降低中风和心肌梗塞的可能性。经过实践证明，它的确有效，但这种饮食也仅仅适合患有这些毛病的人。

当你们决定以蔬菜水果作为主食时，却忘了糖份也会转化成热量，而多数水果的含糖量都很高，另外，以蔬菜作为主食很容易感到饥饿，忍耐不住的人往往会以其他食物或零食代替，结果导致越减越肥。其实，只要你们看看和尚，就知道素食并不能让人变瘦。如果你不偏食，能控制总热量，让人体处于最佳健康区，那么身体就会自动减肥。

7. 误区七：低脂食品不用限量

现在，低脂食品越来越多，但你们千万不要以为：低脂食品可以随便吃。尽管很多食品的标签上写着"不含脂肪"但并不表示它不含糖份和过多的热量。恰恰相反，那些低脂蛋糕、甜点由于缺少脂肪，味道往往不好，为了弥补这个缺陷，食品中添加了大量糖份，而这些多余的糖会变成热量，为你的身体"添砖加瓦"。另外，一些低脂肪食品还使用了较多的添加剂和盐，所以，打算减肥的人们，还是不要过度迷信它。

8. 误区八：运动越剧烈，减肥效果越好

多运动可以达到减肥的目的，但你知道吗？剧烈的运动或许会让你气喘吁吁、汗流浃背，也可以让你的肌肉变得更结实，但这并不意味着脂肪减少了。研究证明：只有超过 40 分钟，而且不觉得吃力的运动才能真正减去脂肪。

有的人认为："我每次坚持 30 分钟的剧烈运动，怎么不能减肥呢?"剧烈运动之后，体重会下降，其实是因为身体缺水，但有效的减肥运动并不一定要出大汗。即使你累得要命，如果运动时间没有超过 40 分钟，同样不能减去脂肪，只有过了这段时间，体内的脂肪才会被调动起来，和糖份一起补充能量，随着时间的加长，脂肪量可消耗 85%，如果短于 40 分钟，无论运动强度大小，脂肪消耗均不明显。

另外，小强度的有氧运动更利于消耗脂肪，因为这时的肌肉需要利用氧化脂肪酸获取能量，所以脂肪消耗得最快。如果运动强度增大，脂肪消耗的比例只有 15%。如果有足够的时间，爬楼梯、散步、跳舞、跳绳、游泳、练瑜珈都是很好的减肥运动。

9. 误区九：你可以进行局部减肥

和短时间内见效一样，我们常见的这句广告语也是一种误导，除非你能做吸脂手术，但减肥的目的是让全身线条收紧，形成健康的体态，即便是运动，也需要 40 分钟时间才能开始消耗脂肪，有哪种药品的效果会比运动还好呢? 如果你有时间对每一个部位进行按摩，干嘛不将时间用在运动上呢? 更何况，运动也不可能做到局部减肥。因为局部运动消耗的能量少，容易疲劳、不能持久。另外，脂肪供能是由神经系统和内分泌系统控制的。也就是说，这些系统不可能按照你的指示去消耗脂肪，而是哪个部位供血充足，脂肪消耗得就快。有的人运动一段时间后，腰围没有减小，但脸颊瘦了，原因就在于此。

运动会消耗整体能量，导致所有脂肪的减少，并不会练哪个部位，哪个部位就可以消除多余的脂肪。有的人认为，仰卧起坐可以减小腹部，但遗憾的是，这种效果并不好，就像踢腿不能减少臀部脂肪一样，如果计算一下运动强度和时间，你必须做 3000 个仰卧起坐，才能收到效果。因此，只有通过全身运动，在整体减肥的基础上消除局部脂肪。

10. 误区十：每天称体重

在减肥过程中，心急的人们往往会一天称一次体重，但专家们指出：由于新陈代谢和水分的关系，体重在一天内会上下波动 1.5 千克，所以，不要让每天的体重指标折磨你。它们带来的惟一后果就是：让你不停地吃减肥食品。事实上，每日称重毫无必要，希望减肥成功的人们应该保持良好的精神状态，饮食适度，对自己充满信心，一周一次就足够了。或者将磅秤扔掉，使用最好的测重办法：穿以前的衣服，看它们是否合身。

最后，请大家记住国际减肥三原则：不腹泻，不厌食，不减体力。

线条优美、不胖不瘦、健康匀称的体型，是每个人都盼望的。但是偏偏事与愿违，有的人体型太过肥胖，超过正常人体重的 20%，而且还在不断地发胖。而有的人体型又太过消瘦，需要增胖，因为消瘦也会直接影响到人的形体美。影响体型的因素，除了先天条件外，后天的饮食营养的作用也是不容忽视。合理、健康的饮食有利于人们塑造自己优美的形体。

（二）饮食控制

1. 制定合理的饮食制度

一日三餐营养素分配要合理。根据胖人一般在早上体内胰岛素分泌比较少，晚上胰岛素分泌比较多，因而吸收糖份多，引起肥胖的道理。肥胖者三餐饮食热量分配应为：早餐占全日总量的30％～35％、中餐30％～35％、晚餐25％～30％。

2. 养成良好的饮食习惯

一日三餐按时吃，不吃或少吃零食（必要的水果还是应该吃的）、不吃夜宵、细嚼慢咽、控制食速。因为胖人一般进食速度过快，狼吞虎咽很容易导致进食过量，引起肥胖，所以一定要用各种方法控制饮食速度，降低食欲，减少进食量。

3. 调整食物结构

按所需热量调整食物结构，采取控制主食、增加副食的饮食方法，总容量不能减少，使胃肠的扩张度和原来一样，不能有饥饿的感觉，因为一旦产生这种感觉，就会想找食物吃，使减肥失败。在控制主食的同时，还要限制含淀粉及糖份高的食物。

4. 控制脂肪的摄入量

控制脂肪还应注意保持每天排便的正常，不能限制太紧。但要限制动物脂肪，因为动物脂肪容易沉积在血管内，如奶油、肥肉、动物皮、猪油、鸡油、烤鸡、烤鸭、烤鹅、烤乳猪、香酥点心、油煎炸食物等。

三、健康减肥原则

营养学家总结出：越来越多的人在减肥，而越来越多的人也越减越肥，这些人陷入了迷惑不解的境地，这是为什么？这是减肥者误入了歧途。他指出减肥的基本要点是每餐减少1/3卡路里，同时保持人体所需的蛋白质、维生素和矿物质等。专家总结出了保持身体健康和体态苗条的十大原则。

（一）不挑食、不偏食

所有食物都含有不等的能量、蛋白质、有机物质、维生素和矿物盐。营养结构学要求人们用餐时不要偏食和挑食，做到食品多样化以满足人体所需的营养。

（二）不要破坏食品的组合

减肥的食谱往往是只注意某类食品的组合，单从减少食品的卡路里考虑，而忽视这样做会影响身体的健康。早餐和晚餐一般应是淀粉和糖类食品，午餐是蛋白质食品，每天按这样的食谱用餐，才不会缺少人体所需的营养。

（三）淀粉和脂肪都不可偏废

有些人为了减少卡路里只吃奶酪不吃面点，只吃肉类制品不吃干豆。但是，即使你不吃淀粉类食品，吃的奶酪，鸡蛋和鱼肉也都能转化成热量的，而且一段时间后你的身体会缺少蛋白质、维生素和矿物盐。总之，每餐食品都须含有碳水化合物、糖和脂肪。

（四）多吃不是长胖的原因

穆斯塔法·努福尔博士说，遗传因子是决定人体胖瘦的主要因素。营养结构学认为，有些人身体内部结构充满活力，能把体内的任何食品直接转化成能量而不是脂肪的形式堆积在体内，而有些机体转化过程非常缓慢，于是就以脂肪形式堆积在体内，胖子之所以胖并不是吃得多造成的，而是因为他们身体内部结构活动缓慢。

（五）不要迷信图表数字

分析和确定某些食品内含的卡路里多少不可能做到百分之百的精确。图表只能告诉你一个平均数而已，不可能精确地显示某些食品的内含成份。

（六）吃多少就能吸收多少的说法是不正确的

有人认为只要掌握每种食品内含的热能和其他物质，并画一图表用化学分析法就能了解人体能从这种食品中吸收多少能量和其他物质，这种简单的推断是不正确的。人体不可能吃下去多少就吸收多少。脂肪能吸收 90％～95％，蛋白质能吸收 85％～92％。

（七）每餐食品要定量

熟食品和生食品的量不同。熟鸡重量是生鸡的 80％，熟牛肉是生牛肉的 65％。即使同类食品也有不同。一百克童子鸡肉能摄取 400 单位的卡路里，一百克肉鸡能摄取 550 单位的卡路里。

（八）冷食有利于身材的苗条

热食谱增加卡路里，冷食相等于体温。同样的食品，冷食需摄取体内的卡路里来热化和消化食品。热食或冷食是摄取还是增加体内卡路里的原因。

（九）咀嚼食品有利于消化和消砂耗卡路里

营养结构学说，咀嚼食品能消耗一定数量的热量。细嚼慢咽饭菜和水需消耗热量。喝果汁和菜汁，一饮而尽无须咀嚼不利于减肥和保持苗条的身材。

（十）营养的组合

从营养学角度看，碳水化合物和脂肪对人体同样的重要，缺一不可，这两类营养组合过程愈复杂，身体能量消耗愈多，人们就能保持体态轻盈和动作敏捷。

复习思考题：

1. 正确评价形体美，并用所掌握的知识对自己形体进行测量。
2. 如何养成良好的身体姿态？
3. 正确解释职业人规范的仪态举止。
4. 通过理想体重的公式计算了解你的体重是否在理想体重的范围内。

第三章　职业形体塑造入门

> 　　**应知目标**：了解身体基本姿态的练习方法；了解正确的站、坐、走姿；了解基本动作练习对重塑形体的帮助。
>
> 　　**应会目标**：能正确运用形体塑造基本动作练习形成正确的站、坐、走姿；能在实践中合理运用各种姿态。

　　形体美需要通过优美的姿势来表现，姿势对每个人来说是很重要的，正确姿势的培养，应该在日常生活中的基本姿势进行正确引导和训练。

第一节　身体基本姿态练习

一、头部与上肢姿态练习

（一）头　部

　　围绕着垂直轴、额状轴和矢状轴的运动，头部有五个基本位置，即：头正直、仰头、低头、转头和侧屈。在实践中大部分动作都由2～3种基本位置组合而成。

【教学内容与动作方法】

（1）正头：头正直，眼平视前方。（图3-1）

（2）低头：保持基本站姿，下巴尽量靠近锁骨。（图3-2）

（3）抬头：保持基本站姿，头后仰。（图3-3）

（4）转头：①转头25°：头部略微转向25°，下颚微抬，保持颈部紧张度（图3-4）。②转头90°：头部转90°，头部正，目平视（图3-5）。

（5）侧屈：头部向一侧屈，这一侧耳尽量碰肩。（图3-6）

图 3-1　　　　　　　图 3-2　　　　　　　图 3-3

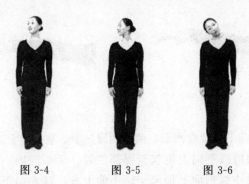

图 3-4　　　　图 3-5　　　　图 3-6

【练习步骤】

(1) 并腿站立，两手插腰。保持颈部紧张度，下颚略微抬起。

(2) 并腿站立，两手插腰。头部缓慢下压，下巴尽量靠近锁骨，眼看下方。

(3) 并腿站立，两手插腰。下颚慢慢抬起，直至朝向上方。

(4) 并腿站立，两手插腰。

①头部右转 25°，保持姿态，头部回原正视前方，左转 25°后，回原。

②头部右转 90°，保持姿态，头部回原正视前方，左转 90°后，回原。

(5) 并腿站立，两手插腰。头部向一侧屈大约 75°位置。

【易犯错误】

(1) 容易出现颈部前伸或僵硬。

(2) 练习中，腰背容易松泄。

(3) 胸部不够挺拔，颈部肌肉松弛。

(4) 上体容易随着转头方向侧转。

(5) 后背肌肉容易放松。

【纠正方法】

(1) 下额稍稍回收，目平视前方，感觉头顶向上拔高。

(2) 挺直脊柱，保持正确站姿下，完成低头动作。

(3) 腰背挺直，胸部向上顶起，颈部保持适宜的紧张度。

(4) 固定好肩部位置，做转头动作。

(5) 挺直后背，立腰收腹，做侧屈头动作。

(二) 上　肢

形态要求：要求肘、腕、掌全部伸直，五指并拢或肘、腕、掌成弧形，四指靠拢，食指微翘，拇指和四指相对，虎口自然收拢。

【教学内容与动作方法】

(1) 基本手型：

①芭蕾手型：四指微微并拢，中指与拇指稍靠近，手腕到指尖成弧线。（图 3-7）

②兰花手型：五指并拢，手掌伸直，掌心朝下，中指微微下压，大拇指向下，向内靠拢，虎口收紧，小指稍向上。（图 3-8）

图 3-7

图 3-8

（2）芭蕾手位：

①一位手：两臂体前下垂成椭圆形，两手相聚一拳，掌心向上。不能碰着腿。（图 3-9）

②二位手：两臂保持弧形向上抬起至胃部位置，掌心向内。（图 3-10）

③三位手：两臂保持弧形向上抬起至额头前上方，掌心向下。（图 3-11）

④四位手：一臂保持在三位，另一臂回落到二位。（图 3-12）

⑤五位手：一臂保持在三位，另一臂从二位向侧打开。（图 3-13）

⑥六位手：三位手臂下落至二位，另一臂保持侧举。（图 3-14）

⑦七位手：二位手臂向侧打开，另一臂保持侧举。两臂位置稍稍靠前，手臂成弧形。（图 3-15）

图 3-9　　　图 3-10　　　图 3-11　　　图 3-12

图 3-13　　　图 3-14　　　图 3-15

【练习步骤】

（1）基本手型：

①并腿站立，手臂侧举，手腕到指尖成弧线，四指微微并拢，中指与拇指稍靠近，食指微微翘起。手是臂的延长线。

②并腿站立，手臂侧举，手掌伸直，掌心朝下，五指间稍有缝隙，指尖向远伸展。

（2）芭蕾手位：

①并腿站立，后背挺直，双手下垂成椭圆形，指尖相对，掌心向上。

②并腿站立，后背挺直，在一位手基础上，胳膊向上抬起至胃部位置，掌心向内。

③并腿站立，后背挺直，在二位手基础上，胳膊向上抬起至额头前上方，掌心向下。

④并腿站立，后背挺直，在三位手基础上，一臂保持不动，一臂回落到二位。

⑤并腿站立，后背挺直，在四位手基础上，三位手臂保持不动，另一臂向侧打开。

⑥并腿站立，后背挺直，在五位手基础上，侧举手臂保持不动，三位手臂向下至二位手位置。

⑦并腿站立，后背挺直，在六位手基础上，侧举手臂保持不动，二位手臂向侧打开至侧举位置。

在上述 7 个基本手位的基础上，可出现多种变型，也可由某两个位置组合成对称或非对称的形式。练习手臂位置时，肩要放松，肘、腕自然微屈，两臂始终要保持弧形，手指尽量伸长，动作过程中，要运用手来传情达意。

【易犯错误】

(1) 基本手型：手部各关节僵硬，手型不柔和、不自然，五指间缝隙大，张得太开。

(2) 芭蕾手位：肘关节和腕关节僵硬，伸得太直，没有成弧形，手臂容易晃动，不固定，手臂向侧打开时，上体容易跟随转动，侧平举位置过伸，肘关节下掉等。

【纠正方法】

(1) 基本手型：手部关节相对松弛，显示手型的柔和、纤细，五指伸直，注意手指间距。

(2) 芭蕾手位：保持好上体姿态，肘关节稍抬起，手臂各关节适度松弛，做成椭圆状。注意手臂动作的固定，一臂向侧打开时，头部可以跟随侧转。

二、躯干与下肢姿态练习

(一) 躯　干

包含有肩、胸、腰、髋四个部位。肩、髋和上、下肢连接在一起，上下肢的动作常引起肩、髋相应的动作。一般情况下，肩保持张开、下沉，髋保持正直。

【教学内容与动作方法】

(1) 含胸：并腿站立，胸背部向后顶，后背成弧形，低头，下颚贴近锁骨，上体放松，两臂向前摆动 15°。(图 3-16)

(2) 挺胸：并腿站立，两手反掌向体后摆动 15°，同时挺胸立腰，头部稍抬起，目视斜上方。(图 3-17)

(3) 上体前屈：两腿开立，两臂上举。上体立直，以腰为轴，向前屈 90°，保持腰背挺直，下颚微微抬起，两臂尽量前伸。(图 3-18)

(4) 上体后屈：两腿开立，两臂上举。上体立直，以腰为轴，尽可能大幅度地向后弯曲胸腰，两臂向侧打开。(图 3-19)

(5) 上体侧屈：两腿开立，两臂上举。上体立直，以腰为轴，最大限度向侧屈，上体与腿在同一额状面。(图 3-20)

(6) 上体转动：两腿开立，两臂上举。上体立直，以腰为轴，向侧转 90°，双脚不

动，脚尖朝前，上体下压至水平面，后背保持挺直，下颚稍稍抬起。一臂向前，一臂向侧。（图 3-21）

图 3-16　　　　　　图 3-17　　　　　　图 3-18

图 3-19　　　　　　图 3-20　　　　　　图 3-21

【练习步骤】

（1）含胸与挺胸：并腿站立，上体经直立含胸低头，然后挺胸抬头，两肩打开。重复练习，体会含胸和挺胸时的呼吸配合，以及肩、胸、腰部位的屈伸对比。

（2）上体前屈与后屈：两腿开立，两臂上举。上体前屈90°，保持后背挺直，然后回原直立，再向后屈，两臂向侧打开，胯部顶开后，回原。重复练习，前屈时注意腰背部的紧张度，后屈时注意身体重心的控制。

（3）上体侧屈：两腿开立，两臂上举。上体最大限度向一侧屈，然后回原直立后，向另一侧弯曲上体，再回原。重复练习，侧屈时要停顿数秒再回原，做另一侧动作。

（4）上体转动：两腿开立，两臂上举。上体侧转90°后，保持姿态向下至水平面，然后回原直立，再向相反方向转身90°，下压至水平面后，回原。重复练习，双脚的位置固定好，转腰动作要充分。

【易犯错误】

（1）含胸与挺胸：含胸和挺胸动作不充分，躯干太僵硬。

（2）上体前屈与后屈：前屈时容易出现弓背现象，后屈时，胯部不能收胯。

（3）上体侧屈：侧屈时，上体容易转动，臀部撅起，腰背肌肉松弛。

（4）上体转动：上体转身时，双脚容易移动，向下至水平面，腰背肌肉容易松弛。

【纠正方法】

（1）含胸与挺胸：特别体会含胸弓背动作，再结合挺胸练习，体会含挺胸的对比。

（2）上体前屈与后屈：注意腰背部的伸展度和身体重心的控制。

（3）上体侧屈：要求上体固定好位置，始终面向前方。侧屈时尽自己能力做动作，不能只强调侧屈的幅度。

（4）上体转动：固定好脚的位置，做动作时，去感觉侧腰部的伸拉。

（二）下　肢

直膝、绷脚面、并腿是形体动作风格的表现之一。

【教学内容与动作方法】

芭蕾脚位：

（1）一位脚：两脚脚尖向外打开 90°，脚跟靠在一起，呈一条直线。（图 3-22）

（2）二位脚：两脚之间相距一个脚，两脚尖向两侧，呈一条直线。（图 3-23）

（3）三位脚：一脚脚跟位于另一脚的中间，两脚尖外开。（图 3-24）

（4）四位脚：两脚前后相距一只脚，两脚外开平行。（图 3-25）

（5）五位脚：一脚脚尖与另一脚脚跟对齐，两脚脚掌外开贴紧。（图 3-26）

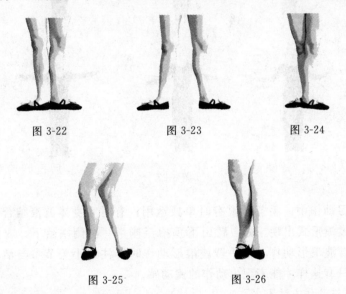

图 3-22　　　　　　　图 3-23　　　　　　　图 3-24

图 3-25　　　　　　　图 3-26

【练习步骤】

双手扶把练习，上体保持直立，两腿内侧肌夹紧，体会正确动作要领。

【易犯错误】

站立腿肌肉不夹紧，两腿膝盖弯曲，臀部后翘，脚掌不踩实，靠前或靠后，腿部肌肉松弛，两脚外开不够，膝盖弯曲，腿部不夹紧。

【纠正方法】

一位时要求臀部向内夹紧，大腿内侧尽量不留缝隙，全脚掌踩实。做动作时，从脚部至头顶，感觉整个人向上拔高。外开角度可小一些，但腿部和臀部要夹紧。

三、波浪动作练习

它是形体训练徒手练习中的典型动作。按照动作的形式可分为前波浪、后波浪、侧波浪和转体波浪。按照身体部位可分为全身波浪、躯干波浪和手臂波浪。它要求练习者有良好的协调能力。身体各部分依次连续不断屈伸的特点使动作显得连贯、流畅、柔和，是形体训练中不可缺少的内容。

（一）手臂波浪（图3-27）

手臂波浪是手臂各关节——肘、腕、掌、指等依次屈伸的波浪形动作。手臂波浪使练习者的两臂显得柔软协调，富有表现力。它可以由两臂同时在同位置上，向同一方向做；也可由两臂同时在同一位置上向不同方向做或两臂依次做。

图 3-27

在形体练习动作中，手臂波浪有时单独运用，有时和身体波浪结合运用，而大部分则以不完全波浪形式出现。如：臂由下垂抬至侧举，由侧举落下，或由上举至侧举等情况下的手臂波浪形动作。做手臂波浪形动作时要注意小关节参与活动，直到指尖末端的关节。只有这样才能表现出动作的流动感。

【教学内容与动作方法】

并腿站立，以肘开始带动腕、指依次弯曲，手指放松下垂，接着再从肘、腕、指依次推移伸展至指尖。

预备姿势：并腿直立，两臂自然下垂。

第一个八拍

1～4拍两臂向前波浪1次。

5～8拍同1～4拍。

第二个八拍

1～4拍两臂同时抬起至水平举，做1次小波浪。

5～8拍两臂前平举保持两拍后，回落至体侧。

第三个八拍

1～4拍两臂向侧波浪1次。

5～8 拍同 1～4 拍。

第四个八拍

1～4 拍两臂同时向两侧抬起至水平举，做一次小波浪。

5～8 拍两臂侧平举保持两拍后，回落至体侧。

第五个八拍

1～4 拍两臂前后摆动两次，摆动幅度 45°角，结合腿部弹动两次。

5～8 拍同 1～4 拍。

第六个八拍

1～4 拍两臂从体侧经体前举至三位手。

5～8 拍两手同时翻掌，向两侧斜上方做一次小波浪。

第七个八拍同第五个八拍。

第八个八拍同第六个八拍。

【练习步骤】

（1）单一动作练习：并腿站立，手臂各关节做依次柔和的屈伸波浪动作，幅度可大可小，手臂波浪的练习形式可以不同，由易到难，两臂同时或依次做前波浪、侧波浪或上举的手臂波浪动作。还可以结合手臂的摆动、绕环做波浪动作。

（2）小组合 8 个八拍练习。

【易犯错误】

初学者练习时，手臂比较僵硬。各关节屈伸的顺序掌握不好。

【纠正方法】

放慢节奏分解练习，体会动作正确要领，再重复多练习。

（二）躯干波浪（图 3-28）

【教学内容与动作方法】

（1）站立躯干波浪：并腿站立，两手体后相握，后背挺直。上体向前倾同时，充分挺胸塌腰，两肩展开，下颚抬起，使背部成凹形，上体至水平位时后背向上弓起，低头含胸，同时上体慢慢抬起。

图 3-28

（2）跪撑的躯干波浪：全身波浪常常从这两个动作开始学习和训练。从跪撑开始，髋部、腰、胸依次下塌，接着抬头，然后从髋部开始再依次拱起，然后低头。

【练习步骤】

（1）先扶把练习，放慢节奏，体会上体屈伸的感觉，掌握好各部位屈伸的顺序。离把练习，掌握好身体重心，巩固正确的动作要领。

（2）跪撑在地毯或垫子上髋部、腰、胸依次下塌，接着抬头，然后从髋部开始再依次拱起，然后低头。如此反复进行。

【易犯错误】

挺胸和含胸动作不够充分，整个动作缺乏连贯性。

【纠正方法】

扶把放慢节奏练习，体会动作正确要领，再离把。

（三）全身波浪

【教学内容与动作方法】

（1）前波浪：并腿站立，三位手上举，上体前倾至水平面，后背挺直，下颚抬起。两臂前伸，接着双腿屈膝，两臂回落至体侧，向后摆动同时，身体由膝、胯、腰、胸、肩、颈部依次向前上方伸展，直至直立，两臂上举。（图3-29）

图3-29

（2）后波浪：并腿站立，三位手上举。动作同前波浪，但方向相反。（图3-30）

（3）侧波浪：由右腿站立，左腿侧点地，右手侧上举，左手前举，稍抬头并右转，跟着手开始。上体先左侧屈，髋部稍向右顶，然后经二位蹲重心逐渐左移，同时膝、髋、腰、胸、颈依次向左上方挺伸成左腿站立，右腿侧点地，上体稍右侧屈。两臂随上体动作经下摆至左手侧上举，右手前举。头随臂移动。（图3-31）

预备姿势：并腿站立，两臂侧平举。

第一个八拍

1～4拍向前躯干波浪一次同时两腿屈膝一次，两臂伴随水平波浪一次。

5～8拍同1～4拍。

图 3-30

图 3-31

第二个八拍

1 次向前的全身波浪。

第三个八拍

1～4 拍向前躯干波浪一次的同时，两臂伴随垂直波浪一次。

5～8 拍同 1～4 拍。

第四个八拍

1 次向后的全身波浪。

第五个八拍

向右侧波浪 1 次。

第六个八拍

向左侧波浪 1 次。

第七个八拍同第五个八拍。

第八个八拍同第六个八拍。

【练习步骤】

单一动作练习：面对把杆，双手扶把。前波浪、后波浪、侧波浪，都以单个动作进行练习，放慢节奏，体会身体各关节运动的顺序。然后离把练习，还是以单个动作进行重复练习，动作要连贯、伸展，并控制好身体重心。

小组合 8 个八拍练习。

【易犯错误】

全身波浪动作，身体各部位的运动顺序不太容易把握，动作的连贯性会比较差。

【纠正方法】

扶把放慢节奏练习，体会动作正确要领，再离把练习。

第二节　基本的站姿、坐姿与走姿练习

一、基本站姿练习

站姿是人基本姿势的组成部分。站立姿势，又称站姿或立姿。它是指人在停止行动之后，直立自己的身体，双脚着地，或者踏在其他物体之上的姿势。它是人们平时所采用的一种静态的身体造型，同时又是其他动态的身体造型的基础和起点。

优美而典雅的站姿是发展人的不同质感动态美的起点，是高雅举止的基础。站立是人们生活、工作及交往中最基本的举止之一。

【教学内容与动作方法】

（一）正确的站姿（图 3-32）

（1）抬头正首，目平视前方，嘴唇微闭，面带微笑，自然平和。要站得端正、稳重、亲切、自然。

（2）双肩放松，稍往下压，使人体有向上的感觉。

（3）躯干挺直，身体重心应在两腿的中央，做到挺胸、收腹、立腰。做到上身正直，头正目平，面带微笑，微收下颌，肩平挺胸，直腰收腹，两臂自然下垂。

（4）双腿直立，保持身体的端正。两腿相靠直立，两脚靠拢，脚尖呈"V"字形。女子两脚可并拢，肌肉略有收缩感。

（5）双臂自然下垂于身体两侧或放在身体前后。

（6）双腿直立，保持身体的端正。如果站立过久，可以将左脚或右脚交替后撤一

图 3-32

步，但上身仍须挺直，伸出的脚不可伸得太远，双腿不可叉开过大，变换也不能过于频繁。

站姿的特点是：端正、挺拔、舒展、俊美。

（二）站姿的基本要领

上体正直，挺胸收腹，两肩平行地面稍向后展开。正确的站姿应该是头、颈、躯干和脚的纵轴在一条垂直线上，挺胸、收腹、梗颈，两臂自然下垂，形成一种优美挺拔的体态，人在站立时要做到挺、直、高，这样，人体脊柱的曲线美也就表现出来了，注意两腿并拢立直，腰背挺直，挺胸收腹。抬头脖颈挺直，双目向前平视，嘴唇微闭，面带微笑，微收下颌。

站立时还要注意：端正直立，不要无精打彩、耸肩勾背、东倒西歪，不要倚靠在墙上或椅子上，在正式场合，不要将手插在裤袋里或交叉在胸前。

一般服务业是站立服务，要求站姿一定合乎规范，这样既能体现出服务人员自身的素质，又能反映出服务水平。

（三）常用的站姿

（1）肃立站姿：两脚并拢，两膝绷直并严，挺胸抬头，收腹立腰，双臂自然下垂，下颌微收，目平视。（图 3-33）

（2）体前交叉式：可站成右丁字步，即两脚尖稍稍展开，右脚在前，将右脚跟靠于左脚内侧前端，腿绷直并严，腰背立直，两手在腹前交叉，右手握左手的手指部分，使左手四指不外露，左右手大拇指内收在手心处。（图 3-34）

图 3-33

图 3-34　　　　　　　　　　　图 3-35

（3）体后交叉式：两脚跟并拢，两脚尖展开 60°左右，腿绷直，腰背直立，两手在身后交叉，右手搭左手腕部，两手心向上收。（图 3-35）

对于这三种站姿，在生活和工作中根据具体场景选择适合的站姿。

总之，要努力给人以一种"静"的优美感。站的姿势应该是自然、轻松、优美的，不论站立时摆何种姿势，只有脚的姿势及角度和手的位置在变，而身体一定要保持绝对的挺直。

【练习步骤】

（1）两人一组，背靠背站立。要求两人的脚跟、小腿、臀部、双肩、后脑勺都贴紧。每次训练坚持 15～20 分钟，体会正确要领。

（2）靠墙站立。要求脚跟、小腿、臀部、双肩、后脑勺都紧贴着墙。每次训练坚持 15～20 分钟。

【易犯错误】

挺胸与挺肚的用力区分不开，重心后仰；脖子前伸等不良姿势。

【纠正方法】

练习时上体始终保持端正，立腰、夹臀，时刻提醒纠错。

二、基本坐姿练习

【教学内容与动作方法】

坐姿：臀部坐在椅子的 2/3 位置，上体保持站姿的基本姿势，两腿并拢，两手放在两膝上。（图 3-36）

【练习步骤】

从站立过渡到坐姿，要平稳，可重复练习。

【易犯错误】

坐满整个椅子面积，后背脊柱不挺拔。

图 3-36

【纠正方法】

练习时，时刻提醒纠错。

三、基本走姿练习

正确的走姿，能体现一种动态美，能体现一个人的风度和韵味，更能显示出青春

活力的魅力。走姿应从容、平稳、直线。抬头，挺胸，收腹。以站姿为基础，面带微笑，目平视。（图3-37）

图 3-37

良好的走姿应当身体直立、收腹直腰、两眼平视前方，双臂放松在身体两侧自然摆动，双肩平稳，双臂前后自然、有节奏地摆动；脚尖微向外或向正前方伸出，跨步均匀，两脚之间相距约一脚到一脚半，步伐稳健，步履自然，要有节奏感。行走时，两只脚两侧行走的线迹为一条直线；步幅要适当，一般应该是前脚的脚跟与后脚的脚尖相距为一脚长，但因性别身高不同会有差异，着装不同，步幅也不同。起步时，身体微向前倾，身体重心落于前脚掌，行走中身体的重心要随着移动的脚步不断向前过渡，而不要让重心停留在后脚，并注意在前脚着地和后脚离地时伸直膝部。跨出的步子应是脚跟先着地，行走落地时从脚跟过渡到前脚掌，两脚后跟几乎在一条直线上，两脚交替前移的弯曲程度不要太大，步伐稳健均匀。走路时应有一定的节奏感，走出步韵来。

【教学内容与动作方法】

（一）走姿注意要点

（1）右脚完全着地，左脚跟抬起一半左右。

（2）身体重心完全移到右脚上，左脚脚跟抬起。

（3）左脚脚尖完全离地，重心往前移。

（4）左脚脚跟着地，然后再回到第一步的姿势。

（二）不同情况下的走姿

（1）进入办公机关、拜访他人，在室内一些特殊场所，脚步应轻而稳。

（2）走进会场、走向话筒、迎向宾客，步伐要稳健、大方，充满热情。

（3）办事联络，往来于各部门之间，步伐要快捷、稳重，以体现你的效率和干练。

（4）女士的步伐，可以轻盈、飘逸，体现出女子柔情、恬静、娴雅、娇巧的阴柔美。

【练习步骤】

（1）双手叉腰，重心前移的练习。（音乐伴奏）

（2）双手自然前后摆动，双脚控制在一条直线上的练习。（头上可顶一本书）

【易犯错误】

上体姿态不够挺拔，行走步伐不稳健，起伏太大。

【纠正方法】

体会基本站姿要求，再开始练习行走。练习时一定要跟随音乐的节奏进行练习，身体挺拔，目光一致。

第三节　基本步法和舞步练习

基本步法是身体移动情况下进行形体训练的手段。其中一部分又是跳步和转体的准备动作。步法和舞步可以进一步训练练习者身体各部分配合的协调性和节奏感。步法训练必须在练习者保持正确的基本姿势的基础上进行。

一、柔软步与足尖步练习

（一）柔软步（图3-38）

【教学内容与动作方法】

走步时摆动腿外开，膝、踝、趾绷直，脚向前伸出，并柔软地从脚尖过渡到全脚掌落地（脚尖略向外），重心随之前移；然后换另一腿开始。两腿依次交替进行。走时躯干和头部保持正直，两臂自上前后摆动，或配合各种手臂练习。

图 3-38

第一个八拍

1～2拍左脚起步，向前两步柔软步，两臂从体侧经前到二位手位置。

3～4拍继续向前两步柔软步，两臂抬起至三位手。

5～6拍继续向前两步柔软步，两臂向两侧打开至水平举同时，头部右转，掌心朝上。

7～8拍继续向前两步柔软步，两手同时翻掌同时，头部转回正前方。波浪回落到体侧。

第二个八拍同第一个八拍。

第三个八拍

1～4拍继续向前四步柔软步，上体含胸低头，左臂自然放在体侧，右臂从体侧经前举至三位手，上体随手臂位置的变化，慢慢抬起至直立。

5～8拍继续向前四步柔软步，左臂不动，右臂向侧打开，头部右转看着手臂柔和地回落到体侧，第四个八拍同第三个八拍（左手做绕环动作）。

【练习步骤】

（1）两手叉腰，行进放慢节奏（两拍一动）练习，体会腿部动作的正确要领。

（2）前后自然摆臂，按正常节奏（一拍一动）练习。

（3）配合手臂变化的柔软练习。

【易犯错误】

行走练习时，膝、踝关节会比较僵硬，肌肉的绷紧感会差一些。加上手臂动作后，要注意臂和腿的协调配合。

【纠正方法】

练习时上体保持正直，脚离开地面时脚尖一定要绷直，开始练习时不要加手臂动作，主要关注腿部动作的正确要求。

（二）足尖步（图3-39）

【教学内容与动作方法】

从高起踵站立开始。一脚向前一步，从脚尖过渡到前脚掌，重心平稳地前移，再换另一腿做。做动作时要始终保持高起踵位置，步幅不宜过大。除上述普通足尖步外，还有半蹲足尖步。

图3-39

第一个八拍

1～4拍足尖步一拍一步，两臂经前平举交叉，向两侧打开，掌心向上。

5～8拍双手插腰，右肩向前转45°，左肩对斜后方。

第二个八拍同第一个八拍，双手插腰时，相反方向转。

第三个八拍

1～4拍右手绕头一周，向侧打开，左臂放在体侧。

5～8拍左手绕头一周，向侧打开，右臂仍放在侧举位置。

第四个八拍

1～4拍两臂向体前交叉同时，含胸低头。

5～8拍两手向外翻掌，手臂向两侧打开同时，抬头挺胸，然后回原。

【练习步骤】

（1）两手叉腰或手臂前后自然摆动，行进正常节奏（一拍一动）练习，体会腿部动作的正确要领。

（2）配合手臂变化的足尖步练习。

【易犯错误】

行走时，脚腕起踵不够高，容易上下起伏。

【纠正方法】

时刻提醒练习者，练习时始终要保持高提踵位置，重心平稳地前移，膝盖、脚尖绷直。并要加强脚腕力量的训练。

二、变换步与弹簧步练习

（一）变换步（图3-40）

【教学内容与动作方法】

左脚向前柔软步，重心移至左腿同时，右脚并与左脚脚跟处，成丁字步，两臂放于一位。接着还是左脚向前柔软步，重心前移至左腿，右腿伸直成后点地，同时右臂抬起至前平举，左臂向侧打开成侧平举。还可以做向后变换步或向侧变换步。

图 3-40

第一个八拍

1～4拍左脚开始向前做变换步，右脚后点地，同时两臂经一位手摆至右臂前举，左臂侧举。

5～8拍同1～4拍，换右脚做。

第二个八拍

1～4拍左脚开始向前做变换步，右脚后举腿，同时两臂经一位手摆至右臂前举，左臂侧举。

5～8拍同1～4拍，换右脚做。

第三个八拍

1～4拍向右转身180°，左脚开始向后做变换步，右脚前点地，同时两臂经一位手摆至右臂侧举，左臂上举。

5～8拍同1～4拍，换右脚做。

第四个八拍

1～4拍左脚开始向后做变换步，右脚前举腿，同时两臂经一位手摆至右臂斜上举，左臂斜下举。

5～8拍同1～4拍，换右脚做。

【练习步骤】

（1）双手插腰，做腿部的动作。体会正确要领。

（2）加上手臂动作，做不同方向的单个动作练习。

（3）完整组合起来练习。

【易犯错误】

练习过程时，支撑腿的脚容易内八字，腿部肌肉松弛。

【纠正方法】

练习时注意重心的移动，手臂动作与脚下动作配合要协调，放慢节奏练习，时刻提醒腿部动作的外开。

（二）弹簧步（图3-41）

【教学内容与动作方法】

左脚向前做柔软步，落地时稍屈膝，重心移至左脚，同时右脚放于左腿小腿肚，膝盖外开，接着左腿充分伸直立踵，同时右腿前下举，绷直。整个动作要求柔和、连贯。

图3-41

第一个八拍

左脚起步，向前四次弹簧步，同时两臂前后自然摆动，两拍一换。

第二个八拍

1～2拍左转90°做一次弹簧步，右腿摆至侧下举45°，两手背于体后腰间。

3～4拍再左转90°做一次弹簧步，左腿摆至前下举45°，两手背于体后腰间。

5～6拍同1～2拍。

7～8 拍同 3～4 拍。

第三个八拍同第一个八拍。

第四个八拍同第二个八拍。

【练习步骤】

(1) 单手扶把练习，放慢节奏，体会腿部屈伸的要领。

(2) 离把两手叉腰行进间练习。

(3) 配合上手臂动作的完整练习。

【易犯错误】

注意两腿的屈伸过程要柔和平稳，不宜太快。

【纠正方法】

练习时弹性动作要柔和，双腿屈膝的角度要一致，弹簧步要求腿部力量及身体的平衡控制力较强，把杆练习需打好基础。

三、华尔兹与波尔卡舞步练习

(一) 华尔兹（图 3-42）

【教学内容与动作方法】

(1) 向前华尔兹：右脚向前一次屈膝柔软步，重心移至右脚，接着左脚跟上向前一步足尖步，再右脚跟上一步足尖步。采用 3/4 拍音乐。

(2) 向后华尔兹：右脚向斜后方一次屈膝柔软步，重心移至右脚，接着左脚向后一步足尖步，再右脚向后一步足尖步。采用 3/4 拍音乐。

(3) 向侧华尔兹：右脚向侧一次屈膝柔软步，重心移至右脚，接着左脚并在右脚后面，高起踵膝盖伸直，重心移至左脚，再重心移至右脚，采用 3/4 拍音乐。

(4) 转体华尔兹：1～3 拍：右脚向前一次屈膝柔软步，重心移至右脚，左腿屈膝脚尖后点地，接着左脚向前一次足尖步，同时右转 90°，再右脚做一次向后足尖步，继续向右转 90°。2～3 拍：左脚向后一次屈膝柔软步，重心移至左脚，右腿屈膝脚尖后点地，接着右脚向后一次足尖步，同时右转 90°，再左脚做一次向前足尖步，继续向右转 90°。

第一个十二拍

1－2－3 拍右脚开始做向侧华尔兹，同时右臂经前向侧打开，然后波浪回落至体侧。左臂放在体侧。

2－2－3 拍同 1－2－3 拍，换左脚做。

3－2－3 拍同 1－2－3 拍。

4－2－3 拍同 2－2－3 拍。

第二个十二拍

1－2－3 拍右脚向二点方向做向前华尔兹，同时右臂举至三位，左臂放在体后一位。

2－2－3 拍左脚向六点方向做向后华尔兹，同时左臂举至三位，右臂放在一位。

图 3-42

3—2—3 拍同 1—2—3 拍。

4—2—3 拍同 2—2—3 拍。

第三个十二拍

1—2—3 拍右脚开始做向前华尔兹，同时结合右臂向侧下，左臂向侧上的手臂波浪动作。

2—2—3 拍同 1—2—3 拍，换左脚做。

3—2—3 拍同 1—2—3 拍。

4—2—3 拍同 2—2—3 拍。

第四个十二拍

1—2—3 拍右脚开始做向后华尔兹，同时结合两臂侧波浪，胸带肩转上体 90°，左臂前平举，右臂后举。

2—2—3 拍同 1—2—3 拍，换左脚做。

3—2—3 拍同 1—2—3 拍。

4—2—3 拍同 2—2—3 拍。

第五个十二拍

1—2—3 拍右脚向前开始做转体华尔兹，华尔兹转身 180°同时，右臂上举，左臂经体侧向前至上举，成三位手。

2—2—3 拍左脚向后开始做转体华尔兹，华尔兹转身 180°同时，两臂向侧打开的手臂波浪。

3—2—3 拍同 1—2—3 拍。

4—2—3 拍同 2—2—3 拍。

第六个十二拍

1－2－3拍右脚开始做向侧华尔兹，同时结合右臂侧波浪，左臂向侧上的波浪动作。

2－2－3拍同1－2－3拍换左脚做。

3－2－3拍同1－2－3拍。

4－2－3拍同2－2－3拍。

【练习步骤】

（1）两手叉腰辅助练习，向前一次柔软步，再两次足尖步，不参与膝关节的弯曲动作。

（2）两手叉腰放慢速度单个动作练习，向前华尔兹、向后华尔兹、向侧华尔兹、转体华尔兹的顺序进行教学。体会动作要领。

（3）配合手臂变化的单个动作练习。

（4）小组合练习。

【易犯错误】

腿部关节较僵硬，柔软步过渡到足尖步的衔接不太容易掌握，手脚的配合需要一定的协调性。

【纠正方法】

练习时第一步要跨大，动作幅度大，手臂、身体、腿配合要协调。放慢节奏练习，体会腿部屈伸的正确要领。

（二）波尔卡（图3-43）

【教学内容与动作方法】

节前拍左脚原地小跳一次，右腿伸直前下举，1－，上半拍右脚向前一步，下半拍左脚并于右脚；2－，上半拍右脚向前一步，下半拍同节前拍（右脚原地小一次，左脚前下举）。

图 3-43

第一个八拍

1～2拍右脚向前波尔卡一次，左手叉腰，右手向侧下方打开，掌心朝上。

3～4拍同1～2拍，换左脚做。

5～8拍同1～4拍。

第二个八拍

1～2拍右脚向前做波尔卡一次，同时两臂经前交叉再打开至前斜下举，手心向上。

3～4拍左脚向前做波尔卡一次，同时两臂经前收至两手叉腰。

5～8拍同1～4拍动作。

第三个八拍。

1拍左脚原地小跳一次落至左腿半蹲，右脚前点地，两手叉腰，左肩向前转15°，左肩向右斜后方。

2拍左脚原地小跳一次落至左腿半蹲，右脚后点地，两手叉腰，右肩向前转15°，左肩向左斜后方。

3～4拍右脚向前做波尔卡一次，两臂经前向两侧打开至侧举，掌心朝上。

5～8拍同1～4拍，换左脚做。

第四个八拍同第三个八拍。

【练习步骤】

(1) 分解练习：学习节前拍小跳动作，两手叉腰练习向前并步动作。

(2) 完整动作练习，放慢节奏，体会动作要点。

(3) 配合手臂变化的组合练习。

【易犯错误】

节前拍动作不易掌握，动作的连贯性不够，腿部肌肉和脚尖的绷紧感较差。

【纠正方法】

练习时注意节前拍的小跳，分解放慢节奏练习，加强腿部基本功的训练。

第四节　把杆练习

主要训练躯干、腿、脚的肌肉运动感觉。把杆基本动作练习主要是借助把杆这一辅助手段进行练习，它是形体训练中的基本内容。它可以培养学生的正确姿势，发展下肢和躯干的力量、柔韧及协调能力。把杆基本动作练习一般包括擦地、蹲、小踢腿、划圈、单腿蹲、小弹腿和控腿等。

把杆的高度一般位于练习者的腰部的水平位置。扶把的方法有两种：一是双手扶把，面向把杆，身体与把杆的距离30厘米左右，双手轻扶把上，与肩同宽，肘下垂，肩放松；二是单手扶把，身体侧对把杆，单手轻扶把，扶把手的位置在身体的侧前方，肘下垂，肩放松。扶把的手不能用力掀把杆，以免影响身体直立和重心的稳定。

一、柔韧练习

【教学内容与动作方法】

（1）压前腿：面对把杆，将一腿放在把杆上伸直腿，支撑腿脚尖朝前，上体直立，手臂举至三位后，上体向前倾，后背挺直，上体尽量靠近腿。（图3-44）

图 3-44

（2）压侧腿：侧对把杆，将一腿放在把杆上伸直腿，支撑腿脚尖外开，上体直立，外侧手臂举至三位，内侧手臂放置一位后，上体向侧倾，后背挺直，上体尽量靠近腿。（图 3-45）

图 3-45

（3）压后腿：侧对把杆，将外侧腿向后放在把杆上伸直腿，支撑腿脚尖外开，上体直立，外侧手臂举至三位，内侧手扶把，上体直立。（图3-46）

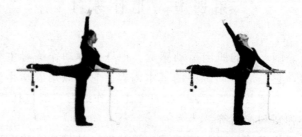

图 3-46

（4）压肩：面对把杆，双手扶把，双手距离与肩同宽，低头挺胸，两腿开立，臀部撅起，肩部向下振动，拉开肩部韧带。（图3-47）

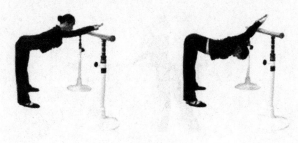

图 3-47

【练习步骤】

（1）压腿练习，以前、侧、后方位依次进行伸拉，然后肩部伸拉。

（2）配乐完整练习。

【易犯错误】

腿部弯曲，伸拉不到位。特别是压前腿，上体应该正对把杆，初学者容易歪斜。

【纠正方法】

腿的摆放高度可逐渐升高，动作规范要求也需逐步提高。

二、擦地、蹲、弹腿练习

（一）擦　地

【教学内容与动作方法】

（1）向前擦地：一位脚站立，侧对把杆，一手扶把，一手侧平举，保持主力腿重心，全脚掌擦地，经脚掌、脚趾向前伸到头，回来时先放脚趾，经脚掌、全脚擦地收回一位。（图 3-48）

图 3-48　　　　　　　　　　　　　　图 3-49

（2）向侧擦地：一位脚站立，侧对把杆，一手扶把，一手侧平举，要保持外开的脚型，向侧擦地，伸到头时，脚尖对着主力脚的脚后跟。保持脚的形状回原到一位脚。（图 3-49）

（3）向后擦地：一位脚站立，侧对把杆，一手扶把，一手侧平举，同样保持外开的脚型，伸到头时，脚尖对着主力脚的脚后跟。保持外开的脚型回原到一位。（图 3-50）

图 3-50

预备姿势：侧对把杆，右手扶把，左臂放一位，两脚站成一位。

前奏：左臂经二位打开至七位。

第一个八拍

左脚向前擦地，擦地腿脚尖对着主力脚的脚后跟，左臂保持七位。

第二个八拍

左脚保持外开的脚型，沿原路线收回到一位。

第三个八拍

1～4拍同第一个八拍，5～8拍同第二个八拍。

第四个八拍同第三个八拍，左臂回落到一位。

第五个八拍

左脚向侧擦地，擦地腿脚尖与主力腿脚跟成一条直线，左臂放至二位。

第六个八拍

左脚保持外开的脚型，沿原路线收回到一位。

第七个八拍

1～4拍同第五个八拍，5～8拍同第六个八拍。

第八个八拍同第七个八拍。

左臂回落到一位。

第九个八拍

左脚向后擦地，擦地腿脚尖对着主力脚的脚后跟，左臂举至三位。

第十个八拍

左脚保持外开的脚型，沿原路线收回到一位。

第十一个八拍

1～4拍同第九个八拍，5～8拍同第十个八拍。

第十二个八拍同第十一个八拍，左臂回落到一位。

【练习步骤】

（1）双手扶把放慢速度练习，体会动作正确要领。

（2）组合练习。

【易犯错误】

擦地脚点地时，应尽量外展，腿部肌肉要绷紧。初学者髋部不易固定。重心会随擦地腿外移。

【纠正方法】

向前擦地时脚跟要先行，收回时脚尖要先收回。向后擦地时脚尖要先行，收回时脚跟要先收回。双手扶把练习，放慢速度，体会腿部动作的正确要点，随时纠正错误动作。在练习者的开度达不到要求时，可先站成八字位，不要强求。

（二）蹲

【教学内容与动作方法】

（1）半蹲：一位脚站立，保持后背垂直，膝盖尽量外开，缓缓下蹲，全脚踩紧地板。二位、五位半蹲，要求相同。（图3-51）

图 3-51

（2）全蹲：一位脚站立，经过半蹲，继续下蹲到最深处，脚跟稍起一点，然后经过半蹲，伸直夹紧腿。二位、五位全蹲，要求相同。（图3-52）

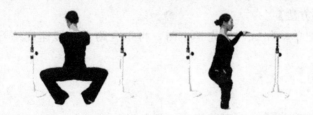

图 3-52

预备姿势：侧对把杆，右手扶把，左臂放一位，两脚站成一位。

前奏：左臂经二位打开至七位。

第一个八拍

1～4拍一位脚站立，双膝外开，缓慢下蹲至半蹲，两脚踩紧地板。左臂保持七位。

5～8拍双膝缓慢伸直夹紧腿站立。

第二个八拍同第一个八拍。

第三个八拍

双膝外开，缓慢下蹲至最深处，脚跟稍起一点，左臂下落至一位。

第四个八拍

经过半蹲，双膝缓慢伸直夹紧腿后，侧擦地到二位脚，同时左臂经二位打开至七位。

第五个八拍

1～4拍二位脚站立，双膝外开，缓慢下蹲至半蹲，两脚踩紧地板。左臂保持七位。

5～8拍双膝缓慢伸直夹紧腿站立。

第六个八拍同第五个八拍。

第七个八拍

双膝外开，缓慢下蹲至最深处，两脚踩紧地板，左臂下落至一位。

第八个八拍

经过半蹲，双膝缓慢伸直夹紧腿后，擦地收回到五位脚，同时左臂经三位打开至七位。

第九个八拍

1～4拍五位脚站立，双膝外开，缓慢下蹲至半蹲，两脚踩紧地板。左臂保持七位。

5～8拍双膝缓慢伸直夹紧腿站立。

第十个八拍同第九个八拍。

第十一个八拍

双膝外开，缓慢下蹲至最深处，脚跟稍起一点，左臂下落至一位。

第十二个八拍

经过半蹲，双膝缓慢伸直夹紧腿，同时左臂经二位打开至七位后，还原至一位手。

【练习步骤与方法】

（1）双手扶把单动作练习，先学半蹲，再学全蹲。放慢速度练习，体会动作正确要领。

（2）组合练习。

【易犯错误】

练习者小胯开度不够，容易撅臀。上体易前倾。动作过程要匀速缓慢，需要有一定的腿部力量。

【纠正方法】

下蹲时注意髋、膝、脚尖的开度一致。下蹲和起立时都保持对抗性。增加开胯的柔韧训练，可贴、靠墙进行蹲的练习。

（三）弹　腿

【教学内容与动作方法】

（1）向前小弹腿：用动作脚脚心包主力脚脚腕后，向前弹踢至25°前举或前点地。（图3-53）

（2）向侧小弹腿：用动作脚脚跟放在主力脚内踝骨上，向侧弹踢至25°侧举或侧点地。（图3-54）

图 3-53

图 3-54

（3）向后小弹腿：用动作脚脚跟放在主力脚后踝骨上，向后弹踢至 25°后举或后点地。（图 3-55）

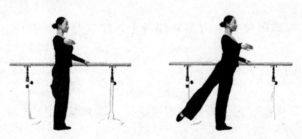

图 3-55

预备姿势：侧对把杆，右手扶把，左臂放一位，两脚站成五位。

前奏：左臂经二位打开至七位。

第一个八拍

1～4 拍左脚在前五位脚站立，用左脚脚心包主力脚脚腕后，向前弹踢成前点地。左臂保持七位。

5～8 拍同 1～4 拍。

第二个八拍

1～4 拍用动作脚脚跟放在主力脚内踝骨上，脚掌与地面平行后，向前弹踢至 25°前举。

5～8 拍 1～4 拍。

第三个八拍

1～4拍左脚在前五位脚站立，用左脚脚心包主力脚脚腕后，向侧弹踢成侧点地。左臂保持七位。

5～8拍同1～4拍。

第四个八拍

1～4拍用动作脚脚跟放在主力脚内踝骨上，脚掌与地面平行后，向侧弹踢至25°侧举。

5～8拍同1～4拍。

第五个八拍

1～4拍左脚在后五位脚站立，用左脚脚腕贴主力脚后脚腕，向后弹踢至后点地。左臂保持七位。

5～8拍同1～4拍。

第六个八拍

1～4拍左脚在后五位脚站立，用动作脚脚跟放在主力脚外踝骨上，脚掌与地面平行后，向后弹踢至25°后举。

5～8拍同1～4拍。

第七个八拍

1～4拍左脚在后五位脚站立，用动作脚脚腕贴主力脚后脚腕，向侧弹踢至25°侧点地。左臂保持七位。

5～8拍同1～4拍。

第八个八拍

1～4拍用动作脚脚跟放在主力脚外踝骨上，脚掌与地面平行后，向侧弹踢至25°侧举。

5～8拍同1～4拍。

【练习步骤】

(1) 双手扶把，向前、侧、后弹踢点地练习，再弹踢至25°练习。

(2) 组合练习。

【易犯错误】

动作腿弹踢时不够有力，到前举位置较难制动。

【纠正方法】

小腿向外弹出时要快速而准确，即准确地停顿在25°的位置上。收回时，打击的位置要准确而有力。身体和大腿不能随着腿的弹动而晃动。双手扶把练习时，体会腿部动作的正确要领。

三、划圈、踢腿与控制练习

(一) 划　圈

【教学内容与动作方法】

(1) 由前向后的划圈：一位脚站立，保持主力腿重心，擦地向前，动作腿尽量转

开，向旁向后划，脚尖对着主力脚脚后跟。（图 3-56）

图 3-56

（2）由后向前的划圈：一位脚站立，擦地向后，动作腿尽量转开，向旁向前划，脚尖对着主力脚脚后跟。（图 3-57）

图 3-57

预备姿势：侧对把杆，右手扶把，左臂放一位，两脚站成一位。

前奏：左臂经二位打开至七位。

第一个八拍

一位脚站立，擦地向前，动作腿尽量转开，向旁划至侧点地后，收回一位，左臂保持七位。

第二个八拍

一位脚站立，擦地向侧，动作腿尽量转开，向后划至后点地后，收回一位，左臂保持七位。

第三个八拍

一位脚站立，擦地向前，动作腿尽量转开，向旁向后划，脚尖对着主力脚脚后跟，接着收回一位。左臂保持七位。

第四个八拍同第三个八拍。

第五个八拍

一位脚站立，擦地向后，动作腿尽量转开，向旁划至侧点地后，收回一位，左臂保持七位。

第六个八拍

一位脚站立，擦地向侧，动作腿尽量转开，向前划至前点地后，收回一位，左臂保持七位。

第七个八拍

一位脚站立，擦地向后，动作腿尽量转开，向旁向前划，脚尖对着主力脚脚后跟，接着收回一位。左臂保持七位。

第八个八拍同第七个八拍。

【练习步骤】

（1）双手扶把，先做划半圈的动作练习，体会动作正确要领。

（2）正常速度完整练习。

（3）组合练习。

【易犯错误】

划圈的动作腿，不易外开，初学者会以臀部带动做划圈动作，注意髋部保持固定正直。

【纠正方法】

由前向后的划圈动作应以脚尖带动，由后向前的划圈动作应以脚跟带动。可以先练习划半圈，体会正确要领。

（二）踢　腿

【教学内容与动作方法】

单脚站立，另一脚点地，一腿经前擦地向前上踢出，腿部绷直，支撑腿伸直（图 3-58）。上体固定姿态，手臂保持七位。向侧（图 3-59）、向后踢腿（图 3-60），做法同前踢腿，方向面不同。

图 3-58

图 3-59

图 3-60

预备姿势：侧对把杆，右手扶把，左臂放一位，两脚站成五位。

前奏：左臂经二位打开至七位。

第一个八拍

1～2拍五位脚站立左脚在前，左脚经前擦地快速向前上踢，支撑腿伸直站立。左臂保持七位手。

3～4拍左脚前点地，收回五位。

5～8拍同1～4拍。

第二个八拍同第一个八拍。

第三个八拍

1～2拍五位脚站立左脚在前，左脚经侧擦地快速向侧上踢，支撑腿伸直站立。左臂上举至三位手。

3～4拍左脚侧点地，收回五位左脚在后。

5～8拍同1～4拍。

第四个八拍同第三个八拍。

第五个八拍

1～2拍五位脚站立左脚在后，左脚经后擦地快速向后上踢，支撑腿伸直站立。左臂放七位手。

3～4拍左脚后点地，收回五位左脚在后。

5～8拍同1～4拍。

第六个八拍同第五个八拍。

第七个八拍

1～2拍五位脚站立左脚在后，左脚经侧擦地快速向侧上踢，支撑腿伸直站立。左臂上举至三位手。

3～4拍左脚侧点地，收回五位左脚在前。

5～8拍同1～4拍。

第八个八拍同第七个八拍。

【练习步骤】

（1）垫上踢腿练习，体会脚尖带动腿，快速发力的感觉。

（2）组合练习。

【易犯错误】

踢腿时，两腿要伸直，特别注意主力腿膝盖容易弯曲，上体姿态应保持直立。

【纠正方法】

加强柔韧性的同时，地面练习踢腿，体会腿部肌肉的绷紧感。

（三）控　制

【教学内容与动作方法】

控制练习即上体保持正确姿态，收腹、立腰，一腿支撑，另一腿在一定的位置和高度上停止不动，来训练腿、腹、背部肌肉的控制能力。向前、向侧、向后的控腿（图3-61），

图 3-61

主力腿支撑，动力腿经擦地向前抬起，在90°或尽量高的位置上停顿一定时间后再落下，点地收回。另外，动力腿还可经吸腿向前上伸出控制。向侧、向后控制的方法相同。

预备姿势：左手扶把并步站立，右手一位。

准备拍：

1～4拍前奏。

5～8拍右手至七位。

第一个八拍

1～4拍右腿屈膝前抬。

5～8拍尽量以膝找胸。

第二个八拍

右手至七位，右腿前伸与地面平行（或前上 45°）控制不动。

第三个八拍

1～4 拍保持不动。

5～6 拍右腿下落至前点地。

7～8 拍收回成并步。

第四个八拍

1～4 拍右腿屈膝侧抬。

5～8 拍尽量以膝找肩。

第五个八拍

右手从腿后抱小腿，向上抬膝。

第六个八拍

右手成七位，右腿侧伸，脚面向上，腿外旋与地面平行（或侧上 45°）控制不动。

第七个八拍

1～4 拍保持不动。

5～6 拍右腿下落侧点地。

7～8 拍右脚收回成并步。

第八个八拍

1～4 拍右腿屈膝后抬。

5～8 拍大腿尽量后抬。

第九个八拍至第十六个八拍。

起踵身体向后转体 180°，右手扶把，出左腿，动作同前。

【练习步骤】

（1）控制的高度由低到高，时间由短到长。

（2）组合练习。

【易犯错误】

进行控制练习时上体容易前倾或后仰，髋部不正，主力腿弯曲。

【纠正方法】

上体保持正直，收腹立腰，最初练习时动力腿先控制在 90°的角度，待能力增强后再增加高度。

复习思考题：

1. 徒手基本动作练习：颈部、手臂部位、躯干、腿部的姿态练习。

2. 基本的站、坐、跪练习：靠墙站立；高重心坐；跪撑练习。

3. 提高身体柔软韧性和协调性的练习：主要进行肩部、腰部的柔韧性练习；有音乐伴奏的节奏性练习。

4. 姿态组合练习：各舞步小组合熟练，并在音乐伴奏下表演给同学观看。

第四章　职业形体塑造综合素质

> **应知目标：** 了解舞蹈练习在形体训练中的重要性，了解一般身体素质和专项身体素质的基本内容和练习方法。
>
> **应会目标：** 会运用各种形体塑造的综合练习方法改善身体姿态，提高专项身体素质水平，重塑形体。

只有坚持通过采用多种的形体训练内容和方法进行训练，通过长期艰苦努力，才能达到理想的形体，要记住的是："美丽是要付出代价的。"

第一节　舞蹈组合练习

舞蹈组合练习是职业形体塑造的一种重要手段，通过舞蹈组合动作的练习，不仅能使练习者达到身体练习的目的，同时还可以培养练习者掌握正确的动作姿态，因此，下面介绍三套适合初学舞蹈的练习者学习的成套练习。

一、基本姿态舞蹈组合练习

【教学内容与动作方法】

以手臂基本部位、手臂摆动、身体移重心为主的练习组合。

预备姿势：直立，一位手。

第一个八拍

图 4-1　　　　图 4-2　　　　图 4-3　　　　图 4-4

1～2拍双手体前成一位手。（图4-1）

3～4拍双手体前成二位手。（图4-2）

5～6拍双手上举成三位手。（图4-3）

7～8拍右手向前下落至四位手。（图4-4）

第二个八拍

1～2拍右手向侧打开成五位手。（图4-5）

3～4拍左手向前下落至六位手。（图4-6）

5～6拍左手向侧打开成七位手。（图4-7）

7～8拍双手向侧下落还原。（图4-8）

图4-5　　　　　图4-6　　　　　图4-7　　　　　图4-8

第三个八拍

1～4拍双手向前摆动45°两次。（图4-9）

图4-9

5～8拍双手向前摆动90°1次。（图4-10）

图4-10

第四个八拍

1～4拍双手向侧摆动45°两次。（图4-11）

5～8拍双手向侧摆动90°1次。（图4-12）

图 4-11

图 4-12

第五个八拍

1～2 拍左脚向侧横跨一步身体重心移至左脚，同时双手摆至左侧举。（图 4-13）

图 4-13

3～4 拍身体重心移至右脚，同时双手摆至右侧举。（图 4-14）

图 4-14

5～8 拍重心移至左脚，右脚并左脚立踵，左脚再向左侧横跨一步，同时手臂由右侧举向下在体前绕一圈至双手左侧举。（图 4-15）

第六个八拍同第五个八拍，但方向相反。

第七个八拍

1～2 拍左脚向前跨一步身体重心移至左脚，同时双手摆至前平举。（图 4-16）

3～4 拍身体重心后移至右脚，同时双手经下摆至侧平举。（图 4-17）

图 4-15

图 4-16

图 4-17

5～8拍重心前移至左脚，右脚向前并左脚立踵，左脚再向前跨一步，重心移至左脚，同时手臂经下向前再向后绕一圈至双手前平举。（图 4-18）

第八个八拍同第七个八拍，但方向相反。

【练习步骤】

（1）分别练习手臂基本部位、手臂摆动、身体移重心。

（2）手臂基本部位、手臂摆动、身体移重心，组合练习。

图 4-18

（3）成套动作练习。

（4）在音乐伴奏下练习。

【易犯错误】

手臂、身体、眼神的配合不够协调，身体重心移动、身体起伏不够柔和。

【纠正方法】

练习时眼神始终跟着手走，跨步时步子要大，立踵时脚跟要充分提起，重心提高。

二、初级舞蹈组合练习

【教学内容与动作方法】

以手臂的基本部位为主的练习组合。

预备姿势：直立，一位手。（图 4-19）

第一个八拍

1～4拍双手前举至二位，同时右脚前伸点地，左脚半蹲立。（图 4-20）

图 4-19　　　　　　图 4-20　　　　　　图 4-21

5～8拍重心前移右脚站立左脚向后点地，同时双手至三位。（图4-21）

第二个八拍

1～4拍双手不动，左脚并右脚成起踵立。（图4-22）

图4-22　　　　　　　　　图4-23

5～8拍左脚前伸点地，右脚半蹲立，同时手臂至四位。（图4-23）

第三个八拍

1～4拍重心前移左脚站立右脚向后点地，同时手臂至五位。（图4-24）

图4-24　　　　　　　图4-25　　　　　　　图4-26

5～8拍右脚移至右侧点地，左脚半蹲立，同时手臂至六位。（图4-25）

第四个八拍

1～4拍右脚向前一步站立，左脚向后点地，同时手臂至七位。（图4-26）

5～8拍还原。

【练习步骤】

（1）熟练掌握手臂的七个部位。

（2）分解动作练习。

（3）先四拍一动，掌握动作熟练后可二拍一动练习。

（4）在音乐伴奏下练习。

【易犯错误】

手臂不够柔和，动作不协调，音乐的节奏掌握不好。

【纠正方法】

手臂的各关节部位始终保持弧型，动作到位，多练习。

三、中级舞蹈组合练习

【教学内容与动作方法】

预备姿势：直立，一位手。（图4-27）

图 4-27

第一个八拍

1～2拍双脚有弹性地屈伸，同时左手前摆至前举，右手后摆至后举。（图4-28）

图 4-28

3～4拍动作同1～2拍，手臂相反。（图4-29）

图 4-29

5～8拍双脚有弹性地屈伸两次，同时右手向后绕环一周半至后举，左手向前绕环一周半至前举。（图4-30）

第二个八拍同第一个八拍手臂、动作相反。

第三个八拍

1～2拍左脚向左侧横跨一步重心移至左脚，右脚侧点地，同时双手臂左侧平举。（图4-31）

图 4-30

图 4-31

3～4 拍身体重心右移至右脚站立，左脚点地，同时双手由下摆至右侧平举。（图 4-32）

图 4-32

5～6 拍重心左移右脚并左脚双脚提踵立，同时手臂经下向左绕至上举。（图 4-33）

7～8 拍同 1～2 拍。

第四个八拍同第三个八拍，动作相反。

图 4-33

第五个八拍

1～2 拍左脚向左侧横跨一步身体向左转体 90°，同时手臂侧平举。（图 4-34）

图 4-34

3～4 拍右脚在左脚外侧点地起踵转体 270°，同时双手上举。（图 4-35）

图 4-35

5～8 拍重心落在右脚上右腿屈膝，左脚前点地；同时双手胸前交叉至左手斜前上举，右手后斜下举。（图 4-36）

图 4-36

第六个八拍

1～2 拍左脚向左侧 45°方向跨出一大步，左脚提踵，同时手臂由左手斜前上举，右手后斜下举波浪摆至左手斜前下举，右手后斜上举。（图 4-37）

图 4-37

3～4 拍左手前斜下举波浪摆至左手斜前上举，右手后斜下举。（图 4-38）

图 4-38

5 拍左手由前斜上举波浪摆至左手斜前下举，右手后斜上举。（图 4-39）

图 4-39　　　　　　　　图 4-40

6拍左手由斜前下举波浪摆至左手斜前上举，右手后斜下举。（图4-40）

7～8拍右脚并左脚，做向前的身体波浪，立踵，同时左手由腹前，右手由臀后提肘至上举。（图4-41）

图4-41

第七个八拍同第六个八拍，动作相反。（图4-42）

图4-42

第八个八拍

1～2拍左脚开始向左侧提踵碎步走，同时双手由前向两侧打开成侧平举手心向上。（图4-43）

图4-43

3～4拍左脚屈膝，右脚前点地，同时双手由侧平举下落至腹前交叉，手心向下。（图4-44）

图 4-44

5～6拍右脚由前点地向后划半圆成右脚后点地，同时右手抬至上举，左手抬至侧平举。（图4-45）

图 4-45

7～8拍并腿立踵，同时双手下垂。（图4-46）

图 4-46

第九个八拍同第八个八拍，动作相反。（图4-47）

第十个八拍

1～2拍左脚向左侧45°方向跨步跳起，右腿后摆，同时左手侧斜上举，右手侧后下举。（图4-48）

图 4-47

图 4-48　　　　　　　　　　　图 4-49

3～4 拍左脚半蹲，右脚在左脚后点地，同时左手下落至腹前，右手抬至上举，手心相对。（图 4-49）

5～6 拍同 1～2 拍，动作相反。（图 4-50）

图 4-50　　　　　　　　　　　图 4-51

7～8 拍同 3～4 拍，动作相反。（图 4-51）

结束动作

1～2 拍左脚向前一步，同时左手前举，右手后举。（图 4-52）

3～4拍右脚在左脚外侧点地提踵身体向左转体360°，同时手臂上举。（图 4-53）

图 4-52　　　　　　　　图 4-53

5～6拍右脚上前一步半蹲，同时双手胸前交叉。（图 4-54）

图 4-54

7～8拍右脚直立，左脚后点地，同时左手斜前上举，右手后斜下举。（图 4-55）

图 4-55

【练习步骤】

（1）单个动作的练习，如转体、跳步等。

（2）分解动作练习，强调动作的协调性练习。

（3）分解组合练习，强调动作的连续性练习。

（4）成套组合练习，强调动作的表现力练习。

（5）在音乐伴奏下练习，强调动作的节奏性练习。

【易犯错误】

动作僵硬，不够连惯，协调性、表现力缺乏。

【纠正方法】

提高专项素质能力的练习，勤学多练。

第二节　柔韧练习

　　影响柔韧性好坏有三个因素：第一个因素，骨结构。构成关节的关节面之间的面积差越大，关节的灵活性就越大；面积差越小，则关节的灵活性就越小。第二个因素，关节周围关节囊的紧密程度和韧带的数量的多少，紧和多者柔韧性相对差些。第三个因素，关节周围的肌肉和软组织的体积大者柔韧性受到限制。第一个因素主要是先天形成的，不易改变。第二、三个因素可以通过形体素质练习获得改进。

　　柔韧性练习的目的在于增加关节的灵活性，增强肌肉、韧带的弹性和伸展能力，以增大运动时的动作幅度，使举手投足更舒展、更有效地展示动态美。同时，拉伸练习能有助于肌纤维向纵向发展，使人体更挺拔、优美。

　　发展柔韧素质的方法有两种，被动的和主动的，也称消极的和积极的。被动的柔韧练习是指依靠外力的作用促使关节灵活性增大的方法，这一方法可使柔韧指标迅速扩大，但与实际应用有一定的距离，练习者承受的疼痛感较大。而主动性柔韧练习是指通过与某关节有关联的肌肉的收缩来增加关节灵活性的方法。这一方法与专项动作的表现形式相一致，易于体现在形体动作之中，但它受原有柔韧性水平的局限。由于这两种方法各有利弊，在形体塑造训练中多被综合采用。

　　根据形体塑造训练的特点和要求，职业女性着重应发展肩、胸、髋、腰和踝这些部位的柔韧性。

一、肩、胸部柔韧练习

【教学内容与动作方法】

肩、胸部柔韧性的练习手段可概括为压、拉、吊、转。具体手段如下：

（1）面向肋木站立，两手扶在与髋同高的位置上，做体前屈。（图4-56）

图 4-56

（2）背对肋木站立，两臂上举（或侧举），两手握肋木。（图4-57）

（3）俯卧跪地，两臂伸直上举。（图4-58）

图 4-57　　　　　　　　　　　　图 4-58

【练习步骤】

（1）挺胸，低头（或抬头），上体向下振动（他人可加助力）使肩角拉开。

（2）抬头挺胸向前拉，使肩角拉开。

（3）俯卧跪地，两臂伸直上举时胸部尽量贴近地面。

【易犯错误】

（1）手臂弯曲，肩、胸不能充分展开。

（2）肩角没有充分拉开。

（3）手臂弯曲，胸部不能贴近地面。

【纠正方法】

注意多练，练习时手臂伸直，肩部尽量放松。

二、躯干柔韧练习

【教学内容与动作方法】

（1）体前屈：体前屈的程度取决于腿后肌群的弹性和髋关节的灵活性。练习时，要求两腿伸直，上体尽量贴近两腿。（图 4-59）

图 4-59　　　　　　　　　　　　图 4-60

（2）体后屈：身体后仰，向后甩腰或成桥。吊腰，上体向后弯曲到一定程度停止不动，保持一定时间。（图 4-60）

【练习步骤】

（1）体前屈：

①站立，两腿并拢，体前屈，两手握踝或腿后抱拢，停止一定时间。

②站于高处，体前屈，两手尽量下伸。

③分腿站立，体前屈，上体在两腿中间连续摆动两手向后伸。

④由两腿置于30～40厘米高的长凳或垫上分腿坐地姿势开始。上体尽量前屈，同伴按其背部下压。

（2）体后屈：

①身体成仰卧，仰卧成桥。要求臂、腿伸直，肩拉开。

②扶把，分腿站立。甩腰。可站立向后甩腰成桥，也可一手扶把杆，一臂上举向后甩腰。

③分腿或并腿站立，两臂上举。吊腰，上体向后弯曲到一定程度停止不动，保持一定时间。

【易犯错误】

体前屈时由于柔韧度不够，上体前屈时容易腿部弯曲。体后屈时肩、胸部的柔韧度不够，后屈不充分，在练习体后屈时一定要注意循序渐进，在有保护下进行。

【纠正方法】增强柔韧度的练习，前屈时要注意腿后肌群的和髋关节的放松，后屈时要注意头部后仰，胸腰放松。

三、腿部柔韧练习

【教学内容与动作方法】

腿部柔韧训练主要是发展腿部的前、侧、后肌群的伸展性和迅速收缩的能力以及髋、踝关节的灵活性。需经常采用前、侧、后等三个不同方向的压、扳、踢、控、劈腿等方式来进行。

（1）压腿：可将一腿置于肋木、横杆或器械上进行。（图4-61）

图 4-61

（2）踢腿：不论何种形式的踢腿，都要求用脚背的力量来带动。踢腿时快速有力地踢起，有控制地轻轻落下，支撑腿伸直顶髋。侧踢腿时臀部要向前顶，开髋（大腿外回旋）。（图4-62）

（3）控腿：训练髋关节的柔韧性以及动力腿在空中的控制能力。直膝，立腰，跨上顶。（图4-63）

图 4-62

图 4-63　　　　　　　　　　　　　　　图 4-64

（4）劈叉：纵劈叉两腿要伸直，臀部着地，主体正直。横劈叉要求髋关节打开两腿在一条线上，上体挺直，立腰。（图 4-64）

【练习步骤】

（1）压腿：前、侧、后站立压腿。要求腿直，髋正，可向前、侧、后用力下压。

（2）踢腿：踢腿的方式很多，可扶把原地踢，也可行进间踢，支撑腿可提踵，也可屈膝或屈膝提踵，上体和两臂可有多种姿势，可前倾，可后仰，也可侧屈。从方向看，除常见的前、侧、后踢腿外，还有混合轴方向的踢腿，如十字踢腿和傍腿等。

（3）控腿：向前、侧、后三个方向做控腿练习。

（4）劈叉：先练习半劈叉，再练习双手支撑的劈叉，最后双手侧平举。

【易犯错误】

（1）压腿时方向不正，屈膝。

（2）踢腿时方向不正，上体没有保持正直，支撑腿屈膝等。

（3）控腿时身体不够紧，高度不够。

（4）髋关节不正，屈膝，上体前倾。

【纠正方法】

（1）压腿、踢腿、控腿时要注意方向，向前、向后时髋要扭正，向侧时髋要打开，上体要学会控制，支撑腿用力伸直。

（2）纵劈叉两腿要伸直，臀部着地，上体正直。横劈叉要求髋关节打开两腿在一条线上，上体挺直，立腰。

第三节　专项身体素质练习

完成不同形式和不同结构的形体动作，所需的肌肉力量也不尽相同，有向心的克制性收缩和离心的退让性工作，也有静力性的等长收缩。从肌内收缩时间的长短看，既需要静力力量、速度力量，也需要力量耐力，但总的说来，形体练习中的力量大多数表现为静力性的，身体运动的方向变化多样并且活动的范围较大。所采用的练习在肌肉收缩的速度、形式以及收缩力量的大小要与形体练习的动作尽可能相似。

发展练习者力量的方法，除采取克服自身弱点的形式外还常采用负重练习。如杠铃以及力量练习器等。下列力量训练手段应根据练习的目的，运用克服自身弱点和负重的方法，并用不同速度来进行训练。

一、力量练习

（一）上肢力量练习

【教学内容与动作方法】

推撑力量训练：训练的方法和手段有以下几种。

（1）俯撑类：手扶高处或手脚在同一平面的俯撑。俯撑击掌、俯卧撑、脚置于高位的俯卧撑等。练习时要求身体直，屈臂时两肘向后靠近体侧，胸部接近地面。（图 4-65）

图 4-65

（2）支撑摆动及屈伸类：可以在双杠上或两张桌子之间。做支撑摆动、支撑两臂屈伸、支撑摆动臂屈伸（此动作需在帮助下完成）。

【易犯错误】

（1）手臂弯曲不够，身体不直，塌腰。

（2）手臂力量不够，所以造成支撑摆动时手臂容易弯曲，支撑两臂屈伸时手臂弯曲程度不够。

【纠正方法】

多练习，初练时可以在同伴帮助下完成。

（二）腹背肌力量练习

【教学内容与动作方法】

（1）仰卧起坐：仰卧在垫子上或斜板上（头在低处），两腿伸直，两臂前举或抱

头。上体前屈，手触脚面或头触胫骨部。（图 4-66）

图 4-66

（2）仰卧举腿：仰卧在垫子上，同伴站于练习者头后。两腿上举超过头部，同伴当练习者举腿时，将腿拉下。（图 4-67）

图 4-67

（3）仰卧两头起：仰卧在垫子上，两臂上举。上体与两腿同时抬起，用手触及脚背。（图 4-68）

图 4-68

（4）背肌：俯卧，两手抱头后，另一人按其大腿上部。俯卧起上体。可在地上做，也可在凳子上做。（图 4-69）

图 4-69

【易犯错误】
身体协调能力不够造成上体起不来，腿部韧带不好造成腿部弯曲，腿举不高。
【纠正方法】
注意身体协调能力的锻炼和韧带练习。

（三）腿部力量练习

形体练习中的跳跃动作要求短促有力。因此，腿部力量训练的重点是弹跳力，一般可采用以下的练习手段训练。

【教学内容与动作方法】

（1）纵跳：直立，原地连续纵跳。（图4-70）

图 4-70

（2）单脚跳：直立，单脚连续向前跳。10～20米的距离。（图4-71）

图 4-71

（3）立定跳远：直立，双脚下蹲摆臂用力向前跳，落地缓冲。（图4-72）

图 4-72

（4）原地团身跳：直立，原地跳起腾空时团身，使大腿靠近胸部，上体保持正直，接着迅速伸展落地，连续做。（图4-73）

图 4-73

（5）跳绳：直立，双手握绳。短绳的双脚连跳，单脚连跳和双连跳等。（图 4-74）

图 4-74

【易犯错误】

踝关节力量不够，造成连续练习能力不强。

【纠正方法】

加强踝关节力量练习，平时多练习，要有吃苦精神。

二、协调能力练习

协调能力是指练习者身体各部分在时间和空间上相互配合，合理有效地完成动作的能力。协调能力是形体练习中不可缺少的一项极其重要的素质，也是完成各类形体练习动作得以完成的基础，是上述各项运动素质服务于形体技术动作的保证。可以说协调能力是形体练习的灵魂，没有良好的协调能力，就不能很好地完成各类形体组合练习。

协调能力是身体素质中最不好练，最不容易提高的一项素质。但它却是形体练习中所必须的素质之一。协调性可通过各种舞蹈组合、徒手体操、健美操跑跳动作组合来提高。进行组合练习时应选择需要上下肢、躯干、头等多身体部位相互配合，具有一定复杂性的动作。协调性训练应经常变换舞蹈，徒手体操，健美操等组合的练习内容，动作编排应对称与不对称相结合，节奏快、慢、变节奏相结合，选择的动作注意不同的肌群同时参加运动，特别是小肌群参加运动的动作。

协调能力和身体素质发展程度，条件反射建立的数量有关。身体素质越好，学习的动作越多，条件反射建立的数量越多，就越有利于协调能力的提高。协调能力与练习者个性心理特征和年龄特征也有关。如神经类型、思维的敏捷度以及注意力集中程度等都对协调能力亦有影响。

协调能力与专项感知觉——时空、频率、用力的感觉以及平衡能力有密切的关系。因此，提高协调能力的练习应具有复杂性、非传统性和新鲜性的特点。

【教学内容与动作方法】

（1）让练习者尽可能多地学习和掌握形体练习的各类技术以及基本动作。

（2）经常变换舞蹈练习，准备活动，身体训练手段以及技术动作的组合，使练习者在不习惯的条件下练习。

（3）采取以下一些专门的手段来培养：

①采用不习惯的开始姿势和非对称动作。

②反向完成动作（镜面练习）。

③采取游戏的方式使练习复杂化。

④改变动作速度和节奏，如快与慢交替。

⑤要求"创造性"地改变完成动作的方式。

⑥运用要求及时改变动作的信号和条件刺激物，如灯光、声音等。

⑦变换动作完成时的身体姿势。如空中由并腿变分腿。

【易犯错误】

在动作发生变化时总是以习惯动作出现，反应较慢。

【纠正方法】

培养协调能力的练习应经常放在训练课主要部分的开始阶段，这时练习者可保持最佳的心理状态和学习能力。反复练习以增强练习者的反应能力。

三、体育舞蹈与健美操训练

体育舞蹈训练多以组合形式为主，以提高练习者的协调性、节奏感、乐感、优美的姿态和表现力等。此外还可训练肌肉内在的感觉，提高练习者艺术素养和形体意识。

（一）交际舞

华尔兹—抒情浪漫、摆荡起伏、雍容华贵。

探　戈—铿锵华丽、顿挫有力、雄劲振奋。

狐　步—轻松愉快、迂回婉转、行云流水。

快　步—轻快热烈、灵敏迅捷、活泼生动。

伦　巴—缠绵、柔媚，婀娜款摆。

恰　恰—诙谐、花哨，利落紧凑。

桑　巴—欢快、生动，摇曳绵密。

牛　仔—热烈、豪放，活泼浪荡。

斗　牛—雄壮、威猛，彪悍奋强。

（二）流行舞

爵士舞—热情、奔放，抒发内在情感，展现个人魅力。

街　舞—热烈、激情，洋溢青春活力，充满时代气息。

踢踏舞—节奏明快，动作简捷，风格特异，不拘一格。

编排适合形体塑造的健美操，首先要把握好形体练习与健美操训练的结合点和编排健美操的基本原则、方法和创编程序；其次是要选择、确定健美操的风格、结构、运动量、动作顺序和主体动作设计，并使这些主体动作的设计尽可能地与形体练习相接近。在选择健美操音乐时，尽可能地选择那些既适合健美操，也很适合形体训练的音乐。健美操总的目的是增进健康，培养正确的体态，塑造美的形体，陶冶美的情操。学习健美操除应达到健美操应达到的目的外，还应有更高的要求。比如，配合学习形体操增加适应性、灵活性、节奏感等。

第四节　器械练习

随着时代的进步，人们越来越重视借助器械来锻炼身体的这种健身方式。用来健身的器械也从过去简单、丑陋、功能单一变得越来越精细、美观、功能齐全。下面介绍几种利用器械练习来达到形体塑造目的的方法。

一、利用哑铃等轻器械的身体素质练习

怎样利用哑铃锻炼全身肌肉，哑铃健身美体运动的每一个动作，虽然都是专门为锻炼某一部位而设计和编排的，但人体是一个完整统一的有机体，任何一个局部的活动都会对全身产生影响。因此长期从事科学系统的哑铃健身运动，既能全面锻炼身体，雕塑形体，而且能发展身体素质，增强机体的免疫功能，但在锻炼中必须谨记各个练习的注意事项，做到循序渐进、科学系统地锻炼。锻炼全身肌肉的每个动作可重复10～18次，做时要求动作准确，不要屏气。

（一）增强肩部肌肉练习

【教学内容与动作方法】

（1）双臂两侧平举哑铃：双脚分开站立，保持背部平直，挺胸，收腹，双手放在身体的两侧并各提一个哑铃，要尽量让哑铃贴近身体。两手由侧伸直抓起哑铃，尽量高举并深吸气，稍停2秒钟，然后将哑铃平稳放下。（图4-75）

图 4-75　　　　　图 4-76　　　　　图 4-77　　　　　图 4-78

（2）双臂两侧上举哑铃：双脚分开站立，保持背部平直，挺胸，收腹，双手放在身体的两侧并各提 1 个哑铃，要尽量让哑铃贴近身体。两臂同时向两侧张开，吸气，再向胸前合拢，呼气。然后将哑铃平稳放下。（图 4-76）

【易犯错误】

（1）动作过程太快，腕关节没有保持平直。

（2）在举哑铃时没有保持背部的平直，如果使背部向后倾斜，那就有可能拉伤背部肌肉。

【纠正方法】

先在同伴帮助下完成动作，保持背部平直，增加腕关节力量练习。

（二）增强背部肌肉练习

【教学内容与动作方法】

（1）提哑铃耸肩：双手分别放在身体的两侧，手中各提一个哑铃，分腿直立，微屈膝挺胸，收腹，双眼向前看。吸气，同时慢慢地耸起双肩，并向后转动，同时要尽量使哑铃贴近身体。（图 4-77）

（2）屈身提哑铃：两脚分开与肩稍宽，脚尖朝前，向前屈身，双手紧握哑铃吸气。呼气，同时慢慢地将哑铃提向腹部上方并保持背部平直。（图 4-78）

【易犯错误】

练习时比较容易驼背，收胯，哑铃重量没有控制好。

【纠正方法】

练习时注意身体挺直，使头部与脊椎骨保持在一条直线上。

（三）增强胸部肌肉练习

【教学内容与动作方法】

（1）平躺向两侧举哑铃：平躺在长凳上，双手握哑铃，并将它们提到胸部附近上举，两脚分开并平踩在地上。吸气，同时将双臂分别伸向身体的两侧，然后屈肘，双臂和肩部、胸部保持在同一水平位置。（图 4-79）

图 4-79

图 4-80

（2）平躺抬膝肘部伸展：双手放在大腿的前面，手中各提一个哑铃脸朝上躺着，背紧贴长凳，双脚平踩在地上或长凳的边缘。握住哑铃的双手分开，并用正手姿势握紧哑铃向上举到相当于手臂向上伸直的高度。吸气时，慢慢地将哑铃降到前额的上方，屈肘并保持腕部平直，同时再次慢慢地将哑铃向上举到相当于手伸直的高度。要使肘部保持笔直的状态。（图 4-80）

【易犯错误】

在运动时双肘弯曲的程度容易过大，引起受伤。

【纠正方法】

控制好哑铃的重量，双肘弯曲不易过大。开始练习时最好能找一位同伴来一起训练，这样可以对你有所帮助。

（四）增强腿部肌肉练习

【教学内容与动作方法】

（1）提哑铃前冲：双脚分开站立，保持背部平直，挺胸，收腹，双手放在身体的两侧并各提一个哑铃，要尽量让哑铃贴近身体。吸气，同时右脚向前迈一大步。双脚脚尖向前，屈右膝，使右膝的位置与右脚脚后跟和脚趾的中间位置处于一条直线上，屈左膝，使其停在离地面 5 厘米处。呼气，同时收右腿并利用脚后跟发力，使自己直立起来。交换腿重复练习。（图 4-81）

（2）举哑铃蹲立：双手放在身体的两侧并各提一个哑铃直立，保持背部平直，挺胸，收腹，两脚分开，脚尖向前，微微屈膝，膝盖和脚保持一条直线上。双眼向前看，将握在两手中的哑铃举过肩部、屈肘。吸气，同时屈膝并慢慢下蹲，将身体的重量放在足踝骨上，同时挺胸并保持背部平直，使自己的膝盖和脚处于一条直线上，两条大腿处于平行状态。呼气，同时慢慢站直身体，双臂放回到身体的两侧，并继续保持背部平直，而且脚后跟不离地。（图 4-82）

图 4-81　　　　　　　　　　图 4-82

【易犯错误】

脚后跟、足踝骨、大腿和臀部没有保持在一条直线上，这样可以导致膝盖和后背压力过重而发生受伤现象。蹲立时，高度超过椅子的高度，同时动作过程中脚后跟离地。

【纠正方法】

练习时哑铃的重量要适宜，平时注重腿部力量和腰背力量的练习。

二、利用辅助器械的身体素质练习

完成不同形式和不同结构的形体动作，所需的肌肉力量也不尽相同，有向心的克制性收缩和离心的退让性工作，也有静力性的等长收缩。从肌内收缩时间的长短看，既需要静力力量、速度力量，也需要耐力力量。但总的说来，形体练习中的力量大多数表现为静力性的，身体运动的方向变化多样并且活动的范围较大。所采用的练习在肌肉收缩的速度、形式以及收缩力量的大小要与形体练习的动作尽可能相似。

【教学内容与动作方法】

（1）引体向上：悬垂于把杆上。可由静止或小摆动做，也可用不同的握法做（可在同伴帮助下进行练习）。

（2）爬绳或爬竿：双手握，手脚并用地爬绳（杆）或只用手爬绳。双手分别向上移动，通常采用固定高度计时的方法培养其速度力量。

（3）两臂直臂内收、外展和屈伸的力量训练：

【练习一】利用橡筋带系于高处，练习者站在系点下方，两手握橡筋两端，两臂由上举做经侧平举下压的动作。

【练习二】直立，两手握橡筋带的两头，脚踩橡筋带中间，两臂经侧平举至上举的动作。

【练习三】把橡筋带系在肋木上约 1.70 米高处，练习者脚靠肋木仰卧在与肋木垂直放置的长凳上，两手在体前握橡筋带的两头，两臂斜上举的上拉动作。

【练习四】橡筋带系在肋木高处，背对肋木前弓步站立，上体前倾两手握橡筋带两头，斜上举向前拉压经体侧绕环至斜上举，反复练习。

（4）肋木或单杠悬垂举腿：手握肋木，身体悬垂，两腿举至直角，膝关节伸直，脚面绷直。

（5）背肌练习：上体俯卧在凳子上，两手抱凳子，双腿伸直向后上方摆起。腿部可加负重物。

（6）腰背练习：头和脚分别置于两张凳子上，中间空出，使身体悬空。仰卧静力练习，腹上可放重物，身体保持伸直。

（7）侧屈肌群的练习：仰卧在垫上，固定下肢。双后抱头，上体向上侧屈。

【易犯错误】

上述练习基本上是使用静力来完成的，所以练习者由于力量不够，容易动作过快，没有制动。

【纠正方法】

练习过程中，不能操之过急，动作幅度由小到大，次数由少到多，为了动作标准可在同伴帮助下完成。

三、利用专业器械的身体素质练习

利用器械练习进行形体塑造是运动专家和机械专家根据人体的生理特点和运动生理学原理，设计制造出专门的器械，让人们利用这些器械塑造形体，最终达到锻炼肌肉、增强体质、改善体形的效果。

【教学内容与动作方法】

（1）健身车的练习（图 4-83）：健身车的全称应该是"固定健身自行车"。它能够

图 4-83

增强腿部的肌肉力量，提高心肺功能。一些想减肥的职业女性对它比较钟爱。健身车可分为两种，一种是手柄固定的，只适合蹬车运动；另外一种的手柄可以活动，我们在练腿的同时可以锻炼臂部肌肉。随着科技的进步，健身车车把上的屏幕会显示练习者的心率、呼吸频率、时间、速度、距离和能量消耗等数据。练习者可以据此掌握运动量，调整自己的健身计划。

坐到健身车的车座上，车蹬在最低位置的时候，膝关节稍微弯曲，前脚掌依然可以踩到车蹬上，这时的高度是最适合锻炼的。如果座位高，为了使脚能够踏在车蹬上，就不得不伸直脚或者左右晃动身体，如果座位低，双膝就总要保持弯曲状态，不能完全伸展开，这两种情况都不利于锻炼。有的车把还可以调整高低。我们也要注意在锻炼时使自己的双臂处于一个舒服的位置。

踏车时，上身稍微向前倾斜，双臂伸直扶住车把，把发力点更多地集中到下肢的肌肉上。踏车时要有节奏感，不能忽快忽慢，开始猛蹬一阵，待力气消耗殆尽的时候就慢下来，这样容易损伤肌肉。刚开始练习时，蹬车不要太快，最好控制在每分钟 60 次左右，以后可以随着体质的提高再加快节奏，达到每分钟 90 次左右。

图 4-84

（2）跑步机的练习（图 4-84）：跑步机，也叫步行机、健步机、平跑机。利用它练习能够很好的提高机体耐力、促进血液循环、减少多余脂肪和增强心肺功能。它根据功能的多少分为单功能跑步机和多功能跑步机两种。单功能跑步机只适用于跑步和走步。多功能跑步机是在跑步和走步的功能基础上，增加了划船、蹬车、腰部扭转、俯卧撑等功能，可以满足多方面锻炼的需要。有的跑步机上装有电子显示器，显示练习者运动情况的数据。

不管是多功能跑步机还是单功能跑步机，它们基本的练习方式都是一样的。在上面的练习动作与在平地跑步没什么区别。

　　双手握住扶手，上身稍向前倾，始终保持昂首挺胸的姿态，不要低头含胸，两前脚掌依次平行着落在跑步带上，不可跺脚滑行，步伐要均匀，节奏要平稳。刚开始练习可能不太适应，这很正常。练习一段时间后，就会逐渐适应的。在开始练习时可以采用走跑交替的方式进行练习，即先走一段时间，再跑一段时间，跑累了又可以转换为行走方式进行调节，这样随着体质的逐步提高，逐渐延长跑步时间，减少行走的时间。

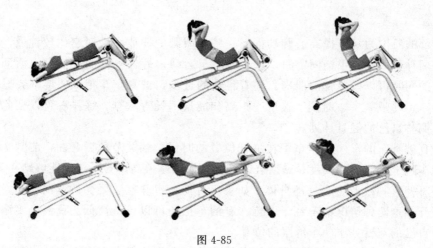

图 4-85

　　(3) 仰卧起坐练习架的练习（图 4-85）：仰卧起坐练习架主要是用于练习腹背肌的练习。腹部肌群主要由腹直肌、腹外斜肌、腹内斜肌、肋间肌等肌肉组成。拥有一个平坦有力的腹部是健美身体的必备条件。腹部肌肉的锻炼是练习过程中最容易被忽略的，而职业女性的腹部却又是最容易发生脂肪堆积的地方。因此，腹部肌肉的锻炼应该得到足够的重视。

　　身体仰卧在练习架上，双手抱头，双脚钩住前端阻挡，避免在坐起来的时候双脚和小腿的抬起。双腿屈膝，靠腹肌收缩力量带动上体双肘触膝，然后上体向后倾仰，落回原位。此练习对整个腹部肌群，尤其对增强腹直肌的力量有很好的效果。同样可做向侧和向后的练习。

图 4-86

（4）健骑机练习（图 4-86）：健骑机，也叫骑马机，它的主要功能是练习上、下肢的肌肉、消除多余脂肪。它的科学设计，能够减少长期运动对背部、膝部的损伤，因此可作为专业运动员的训练器械。由于它能折叠、占地面积小、存放方便，集健身、娱乐于一身，所以也备受家庭健身者的喜爱。

健骑机的基本运动方式非常简单易学，练习者坐在骑座上，双臂向前直伸，握住扶手，两脚踩在脚蹬架上。双臂屈肘拉动扶手，同时双脚用力蹬脚蹬架，身体自弯曲成为直立状。随着脚蹬位置的不断变换，练习者的身体会随之上下起伏，给人一种纵马驰骋的感觉，其名字也由此而得。

健骑机上的运动是围绕髋关节进行上体前屈和后挺动作，并不是人们通常认为的以背部为轴心。

图 4-87

（5）夹胸机的练习（图 4-87）：夹胸机，也叫蝴蝶机。它主要是用来锻炼胸大肌的。它不仅能够充分锻炼胸部肌肉，还有助于扩大胸腔和改善心肺功能。它由活动臂、钢丝绳、滑轮、座椅及配重块组成，不但造型美观、占地面积不大，而且练习效果非常不错，所以深受人们喜爱。在每部综合训练器上几乎都可以见到它的身影。

夹胸机的基本锻炼方法十分简单易学，练习者坐在座椅上，两上臂张开上举，与肩膀等高持平，肘部下垂，两前臂靠托在活动臂上，双手握住把手，然后吸气，胸部肌肉用力收缩使两臂带动活动臂向胸前夹拢，保持状态片刻，最后呼气，两臂慢慢张开恢复到起始状态。

练习者坐在座椅上，上体直立，两臂张开与肩齐平，屈肘小臂向内，两手握住把手，然后依靠胸肌收缩的力量带动两臂做开合动作。这个动作与基本动作区别不是很大，但是由于肘关节由基本动作时的与地面垂直变成了现在的与地面平行，所以受到锻炼的肌肉对象会发生相应的变化。基本动作主要锻炼的是胸大肌中部的肌肉，这个动作则主要锻炼胸大肌上部的肌肉。

【易犯错误】

（1）开始训练时，练习者往往兴奋度高引起负荷太大。没能做到循序渐进，节奏由慢到快，运动强度由小到大。

（2）没能及时监测健身车车把上安装的电子系统装置显示的练习者心率、时间、速度、距离和能量消耗等数据掌握自己的运动量，调整适合自己的训练计划。

【纠正方法】

（1）及时监测各类器械上安装的电子系统装置显示的练习者心率、时间、速度、距离和能量消耗等数据。当我们练习达到一定水平，需要增加运动负荷时，用手扳动负荷装置就可以。

（2）要根据自己身体情况，循序渐进。开始练的时候，动作幅度不要太大，练习一段时间后，肌肉变得柔韧有力了，再增大动作的幅度。在具有一定的基础上，还可以改变姿势，增加动作花样，不仅能够锻炼到整个肌体，而且能从不断的变化中体会乐趣。

（3）自行调整适合自己的运动强度。调整运动强度可通过各类器械上的阻力旋钮进行调整，也可以通过调节轮改变机身的角度进行调节。机身前高后低同样可以增大运动阻力。

（4）需要提醒的是，夹胸机练习的动作虽然听起来比较简单，做起来也不困难，但是真正把动作做到位还需要注意下面几个问题。动作的用力点是胸大肌，而不是手臂。刚刚接触练习，因为还不习惯胸部肌肉用力的情况，初练者容易使用手臂肌肉的力量来控制开合动作，这样锻炼的肌肉对象就改变了，也就不能起到锻炼胸大肌的效果，所以做动作时，应该尽量减少两臂的用力。另外，应该注意使肘关节内侧紧贴活动臂。肘关节内侧是胸大肌力量的作用点，否则锻炼的肌肉对象就会发生转移。

复习思考题：

1. 在音乐伴奏下进行舞蹈组合练习，感受音乐，提高乐感。
2. 每星期至少两次的柔韧练习，前、侧、后踢腿。
3. 每星期至少两次的有氧练习（跳绳、慢跑、快步走、健身操）。
4. 每星期至少两次的腹背肌练习（仰卧起坐、仰卧举腿、俯卧两头起）。

第五章　职业形象实用宝典

> **应知目标**：了解各种职业场合的基本礼仪，了解职场面试的基本技巧，了解各种礼仪练习在实践中的运用。
>
> **应会目标**：能运用各种基本礼仪练习内容进行职场实践，能通过职场面试技巧练习提高面试通过率，能熟练掌握办公室形体操提高工作效率，改善与塑造形体。

　　一个人的职业形象影响着他的职业发展选择。良好的职业形象不仅能够提升个人的职业价值，而且还能提高自己的职业自信心。第一印象在个人求职、社交活动中会起到至关重要的作用。

第一节　商务会面礼仪练习

一、问候致意、引导礼仪练习

（一）问候致意礼仪

　　日常交际免不了相互问候，掌握问候的礼貌用语是社交礼仪的客观要求。问候就是向对方说一些表示良好祝愿或欢迎的话。对他人真诚地问候，是增加生活乐趣增进感情的一种礼节形式。常用的问候的方式有：语言问候，动作问候及致意和其他问候。

　　【教学内容】

　　（1）语言问候：

　　①问候语情形：常见的问候语有："您好""早安""晚安""打搅了""好久不见，您近来好吗""认识您，很高兴"，等等。这些问候语看似简单，却能反映出一个人的教养，它听起来平易近人，令人舒心，能引起交谈双方对交谈的兴趣，也是表达感情的一种方式。现在，问候语随着时代的发展，日益变得简洁、抽象。一般来说，比较稳妥的问候语是微笑着说一声"您好"。如果彼此非常熟悉，按平时的称谓称呼一下，也算是问候，如"李老师""王叔叔"等。

　　②问候技巧：注意次序：位低者先问候，逐个问候可以由下级而上级、由长而幼、由近而远地依次进行。

　　注意语气和态度：基本规则是主动、热情、平和、自然、专注。

注意区别问候：区别熟人见面与陌生人初次见面之间的问候、正式场合和非正式场合的问候。对长辈问候最好是"招呼＋问候"。

（2）致意：致意是一种用非语言方式表示问候的礼节，也是最为常用的礼节，它表示问候、尊敬之意。通常用于相识的人或有一面之交的人之间在公共场合或间距较远时表达心意。致意时应该诚心诚意，表情和蔼可亲。若毫无表情或精神萎靡不振，则会给人以敷衍了事的感觉。

①致意的形式：

微笑致意——适用与相识者或只有一面之交者在同一地点，彼此距离较近但不适宜交谈或无法交谈的场合。

点头致意——也称颔首礼，适用于在一些公众场合与熟人相遇又不便交谈时、在同一场合多次见面时、路遇熟人时等情况。

举手致意——适用场合与点头致意的场合大体相同，并且是对距离较远的熟人一种打招呼的形式。

欠身致意——是一种恭敬的致意礼节，多使用于对长辈或自己尊敬的人致意。

起立致意——在较正式的场合里，有长者、尊者要到来或离去时，在场者应起立表示致意。

脱帽致意——戴帽子进入他人居室、路遇熟人、与人交谈、行其他见面礼、进入娱乐场所、升降国旗、演奏国歌等情况下，应行的致意礼。坐着时不宜脱帽致意。

②致意技巧：

向对方致意的距离不能太远，以 2 米～5 米为宜，不能在对方的侧面或背面致意。

微笑致意——两唇轻轻示意，不必出声，即可表达友善之意。

点头致意——点头时要面带微笑，目视对方，轻轻点一下头即可。行点头礼时，不宜戴帽子。

举手致意——右臂向前方伸直，右手掌心朝向对方，四指并拢，拇指叉开，轻轻向左右摆动一两下即可。（图 5-1）

图 5-1

欠身致意——身体上部分微微一躬，同时点头。

起立致意——如长者、尊者来访，在场者应起立表示欢迎，待来访者落座后，自己才可坐下；如长者、尊者离去，待他们离开后才可落座。

脱帽致意——微微额首欠身，用距离对方稍远的那只手脱帽，将其置于大约与肩平行的位置，以使姿势得体、优雅，同时便于与对方交换目光。脱帽致意时，另一只手不能插在口袋里。坐着时不宜脱帽致意。

③其他问候：其他问候主要包括书信问候、贺卡或明信片问候、电话问候、送物问候，多用于节日问候、喜庆时的问候和道贺、不幸时的问候和安慰等。

【练习方法】

(1) 集体练习常用问候语。

(2) 对镜练习微笑、点头、脱帽致意礼节。

(3) 两两练习举手、欠身、起立致意礼节。

【注意事项】

(1) 问候致意基本顺序：晚辈向长辈、下级向上级、主人向客人、男性向女性致意。

(2) 问候他人应面带微笑，和颜悦色，语调温和，充满诚意，目光注视对方；不能敷衍了事，心不在焉。

(3) 问候致意礼节应入乡随俗，尊重当地问候致意形式，注意一些禁忌。

(二) 引导礼仪练习

引导，指的是迎宾人员在接待来宾时，为之亲自带路，或是陪同对方一道前往目的地。在迎接宾客的时候，通常应该说"您好，欢迎您，里边请"等话语。在引导宾客的时候有一系列细微的肢体语言礼仪。礼貌的服务和明确的引导手势，会让宾客感觉到更贴心。

【教学内容】

(1) 引导大致分如下情形：

楼梯的引导——引导客人上楼时，应让客人走在前面，接待工作人员走在后面，若是下楼时，应该由接待工作人员走在前面，客人在后面。上下楼梯时，应注意客人的安全。

电梯的引导——引导客人乘坐电梯时，接待人员先进入电梯，等客人进入后关闭电梯门；到达时，接待人员按"开"的钮，让客人先走出电梯。

客厅里的引导——客人走入客厅，接待工作人员用手指示，请客人坐下，客人坐下后，行点头礼后离开。如客人错坐下座，应请客人改坐上座（一般靠近门的一方为下座）。

走廊的引导——接待工作人员在客人二三步之前，客人走在内侧。

(2) 引导技巧：

①礼宾次序：一般以右为上，左次之。两人同行以前者，右者为尊；三人同行以中者，前者为尊；上楼时应请尊者，女士在前，下楼时应请尊者，女士为后；迎宾引路时主人在前，送客时主人在后。

②引导姿势：

标准位置：客人的左前方，宾客视觉约45°的位置，身体稍转向客人一方。

礼仪姿势：左手为引导手，手不是完全张开的，虎口微微并拢，平时手放在腰间。在引导过程中，女性的标准礼仪是手臂内收，然后手尖倾斜上推"请往里面走"；男性要体现出绅士风度，手势要夸张一点，手向外推。同时，站姿要标准，身体不能倾斜。（图5-2）

图 5-2   图 5-3

礼仪步调：引导宾客时步调要适应客人的速度；如遇拐弯处须稍停一下，待客人走至转角处再向前引导。（图5-3）

具体引导动作：引导宾客上楼，手要向上比，眼神也要看到手指向的方向。然后再拉回来跟宾客说明，要去的地点所在楼层，要走的方向，或者搭乘的电梯。引导入座要注重手势和眼神的配合，同时还要观察宾客的反应。比如说指示给宾客某个固定的座位，说明之后，要用手势引导，在固定的位置处加以停顿，同时观察宾客有没有理解。

引导的礼仪动作要配套、完整，仪态优美，声音悦耳，使人感受到引导人员内在的精神和热忱。

【练习方法】

（1）对镜引导姿势和表情练习。

（2）一对一练习引导上下楼梯、电梯、走廊。

（3）情景模拟练习：引导客人会议室入座。

【注意事项】

（1）内侧高于外侧，前方高于后方。这是陪同引导要注意的基本规则。

（2）如客人不认路，引导者在前方带路，如客人认路，则选择前进方向交给客人。

二、开关门礼仪练习

无论是进出办公大楼或办公室的房门，都应用手轻推、轻拉、轻关，态度谦和讲究顺序。进出房门时，开关门的声音一定要轻，乒乒乓乓地关开门是十分失礼的。进他人的房间一定要先敲门，敲门时一般用食指有节奏地敲两三下即可。如果与同级、同辈者进入，要互相谦让一下。走在前边的人打开门后要为后面的人拉着门。假如是不用拉的门，最后进来者应主动关门。（图5-4）

图 5-4

【教学内容】

（1）开关门大致分如下情形：

朝里开的门——如果门是朝里开的，应先入内拉住门，侧身再请尊长或客人进入。

朝外开的门——如果门是朝外开的，应打开门，请尊长、客人先进。

旋转式大门——如果陪同上级或客人走的是旋转式大门，应自己先迅速过去，在另一边等候。

（2）开关门技巧：

● 开关门五步曲：

敲门——得到允诺才可开门。

开门——知道应用哪只手（门把对左手，用右手开；门把对右手，用左手开）。明确进门顺序（外开门，客先入，内开门，己先入）。

挡门——侧身用手或身挡门，留出入口。

请进——礼貌地用语言和手势同时示意请进。

关门——进毕再慢慢地关门。

【练习方法】

（1）模拟面试情景，个人开关门进入。

（2）随即抽取虚拟场景，与同级进入门内练习。

（3）虚拟场景，陪同领导分别进入里开、外开、旋转门。

【注意事项】

（1）开关门要做到轻推、轻拉、轻关。

（2）遵循职位低者为职位高的人开门，男士为女士开门，主人为客人开门的基本礼仪。

（3）在为别人开关门时，要"口"、"手"并用且到位。既运用手势要规范，同时要说诸如"您请""请走这边""请各位小心"等揭示语。

三、介绍礼仪练习

介绍是人际交往中进行沟通、增进了解、建立联系的一个重要环节。一般分为自我介绍、介绍他人、他人介绍和集体介绍等方式。

【教学内容】

（一）自我介绍

自我介绍是相互认识、树立自我形象的重要手段及方法，在现代社会，自我介绍还是一种重要的推销自我的方式。而准确、得体的自我介绍，能够形成良好的社交"首因效应"。

1. 自我介绍大致分如下情形

应酬式——适用于一些公共场合和一般性的社交场合，如旅途中、宴会厅里、舞场、通电话时。介绍内容只需确认身份，知道怎么称呼即可。

工作式——适用于工作之中，介绍内容姓名、单位和部门、职务和工作，方便工作中的交流和交往。

交流式——适用于社交场合，介绍内容视对象而定，如老乡、校友、票友等，一般为姓名、工作、籍贯、兴趣及与交往对象的某些熟人关系等。

礼仪式——适用于讲座、仪式、庆典等正规而又隆重的场合，介绍内容除姓名、单位、职务外，还应该加入一些适宜的谦辞和敬语。

问答式——适用于应聘、应试、比赛等，介绍内容有问必答。

2. 自我介绍技巧

选择时机，把握分寸。选择适当的时间，指对方有兴趣、有空闲、情绪好、干扰少、有要求时进行；自我介绍时措辞要适度，对自己的评价要客观，既不要过分地炫耀自己，也不要过分地贬低自己。

仪态大方，表情亲切。介绍人表情要自然，态度要友善，要彬彬有礼，不卑不亢。

言简意赅，表达清晰。言语简洁明了，该介绍的信息全部介绍完就行，勿繁琐。

（二）介绍他人

为互不相识的双方引见，介绍是一种常用的交际方式。介绍他人时经常是双向的，介绍人要将被介绍人双方各介绍一番。

1. 介绍他人大致分如下情形

强调式——刻意强调某些内容，以引起听者关注。适用于室内接待彼此互不相识的来宾和客户。

引见式——很普通地简单介绍双方互相认识。适用于路遇与其互不相识的同事或朋友。

推荐式——有备而来的介绍，突出重点、引起兴趣。适用于推荐或介绍某人加入某一社交圈。

礼仪式——侧重强调姓名、单位、职务等身份信息。适用于会议、仪式、庆典等正规而又隆重的场合。

简介式——姓名、职务、职称、主要特点等。适用于受托或受邀为他人介绍。

2. 介绍他人技巧

（1）介绍他人的顺序原则"尊者优先知情权"：先男后女，先幼后长；先低后高，先主后客。注意商务场合最重职位高低，社交场合比较讲究女士优先，正式场合一般是先职位、再长幼、再性别。

（2）介绍姿势：作介绍时，介绍人应起立，行至被介绍人之间。在介绍一方时，应微笑着用自己的视线把另一方的注意力吸引过来。手的正确姿势应为手指并拢，掌心向上，胳膊略向外伸，指向被介绍者。（图5-5）

图 5-5　　　　　　　　　　　　图 5-6

（3）介绍用语：介绍语言宜短，内容宜简，并应该使用敬语；介绍信息要适当，切忌涉及个人隐私。

（三）他人介绍

当商务场合中，被介绍时，可能所有的注意力都集中在被介绍者身上。因此这时的反应是非常重要的。

● 被介绍者技巧：

起立——被介绍者应起立，即使由于座位拥挤而无法起立，也应做起立状，不起立意味着你的身份高于对方。

关注——给予对方善意而礼貌的关注，不可表现为心不在焉。

握手——友好地表示信任和尊敬。

问候——以恰当方式问候对方，并复述对方的称呼。

寒暄——介绍完后进行简单的交谈，结束交谈时注意礼貌用语。（图5-6）

（四）集体介绍

集体介绍是指在双方和多方人员共同参与聚会或活动时，为使参与人员之间互相认识进行的介绍。

（1）集体介绍情形：集体介绍的形式很多，要根据活动的内容、参加人员的多少、活动的时间长短，以及必要性决定介绍的形式。主要分为以下几种：

①由一位主持人或熟悉各方人员的人出面为大家互相介绍。人数多时介绍一下各方的所属部门或单位即可。人数少时作介绍者应按照礼仪的要求注意介绍的顺序逐个介绍。

②各方出一人为本方人员逐个介绍。各方人员依次自我介绍。

（2）集体介绍技巧：集体介绍如果是为了使各方人员在参加活动中能尽快融合密切合作，就应该重视些，如商务谈判，几方人员共同完成一项课题研究，多方抽调人员组成的临时机构。如果只是集体的聚会，没有密切合作的任务，聚会后就散了，则可以一般性地简单介绍一下。

在集体介绍中，即使需要每个人都作自我介绍，也要十分简短，通常也只是报一下姓名与职务即可。

【练习方法】

（1）自我介绍模拟练习：

①用一句话介绍自己。

②用1分钟时间介绍自己。

③分别假定在招聘会上、餐桌上、会议上、路途中等情景下，与人见面时如何自我介绍，一对一练习。

（2）分组进行其他模拟练习，扮演介绍和被介绍者：

①在办公室为你的老板和客户做介绍。

②分别假定在路途中、宴会上、家里等情景下，将朋友介绍给客人。

③分别假定在办公场所、酒席上、正式的仪式上等场合，将同事介绍给客人。

【注意事项】

（1）无论何种介绍情况都遵循"尊者优先知情权"。

（2）介绍时，表情自然，仪态大方；介绍用语中，使用敬语和礼貌用语。

（3）根据不同场合，选择合适的介绍方式和介绍内容。

第二节 接待拜访礼仪

一、商务接待礼仪练习

接待室指单位或个人以主人的身份招待有关人员，以达到某种目的的社交行为。在接客、待客、送客过程中，接待者应遵循热情、平等、礼貌和友善的基本原则。

【教学内容】

商务接待一般分为准备、迎接、待客、送客等几个基本过程。

（1）接待前的准备工作：接待不同宾客时，其工作重心和礼节侧重点自然会不同。因此接待前的准备工作一般分为如下环节：

了解来宾情况：如人数、身份、性别、民族、来访目的、会见及参观意愿、抵离时间、生活习惯及饮食禁忌等。

确定接待规格：根据陪同者与来宾身份是否相当可分为高规格、低规格或对等接待。高格接待，即主要陪同人员比来宾的职位要高的接待。低格接待，即主要陪同人员比客人的职位要低的接待。对等接待，即主要陪同人员与客人的职位同等的接待。这是最常用的接待规格。规格是否相当直接关系到接待效果，且体现出对来访者的重视程度。因此，对由谁迎接、陪同、访谈，采取何种规格接待需慎重选择。

制定接待方案：包括接待规格、规模、接待程序、访谈对象、活动及食宿安排等。

接待的具体安排准备：包括迎送人员、陪同人员、会谈场所、活动内容、资料和礼品等。

（2）迎接基本礼仪：迎来送往，看似简单，其实隐含着许多讲究，迎接客人基本礼仪主要为以下几点：

①身份要恰当，相应身份者不能前往，前去迎接者应做出礼貌解释。

②提前恭候客人，尤其是接站、接机等，主人迟到对客人是很不礼貌的。

③应热情主动地问候客人和作自我介绍。

④主动代劳，尤其是遇到老人或病患者，应在征得同意后给予搀扶等特殊照顾。

⑤迎接客人的乘车礼仪，司机驾驶时，后排右侧为首位，左侧次之，中间座位再次之，前座右侧为末席。主人亲自驾驶时，以驾驶座右侧为首位，后排右侧次之，左侧再次之，后排中间座为末席。（图5-7）

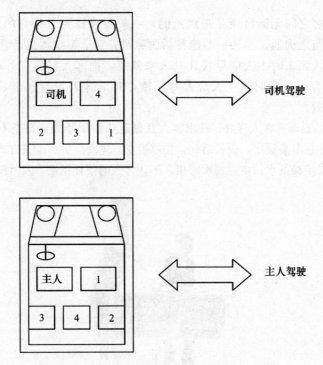

图 5-7

⑥礼貌给客人以引导，方便其入住、入座或会见主人等。

⑦接待客人，需要注意"以右为尊"的基本排位礼仪。（图5-8）

（3）待客基本礼仪：待客礼仪的核心是：主随客便，以礼相待，热情周到。一般分为迎客、沟通、让座、敬茶。

迎客——要热情迎候客人的到来。对迎客是否热情，客人往往会很敏感，尤其是初次来访的客人。

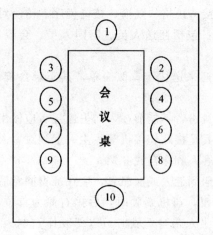

图 5-8

沟通——主客之间无话可谈是最尴尬的，一般要选择对方乐意的、关心的、熟悉的或擅长的话题与之沟通。忌讳一些隐私话题和对方完全不熟悉的话题。

让座——客人到来时主人应尽快让其入室就座，把客人挡在门外聊等于是暗示对方你不受欢迎。客人进屋时，主人应起身让座，并请客人先行入座，主人才能入座，以示对客人的尊敬。

敬茶——茶品要尊重客人喜好，征求客人意见避免强加于人；斟茶不可过满，热茶容易溢出烫伤人；注意奉茶顺序，先长后幼，先尊后卑，先女后男；奉茶方式，双手奉茶，避免手指搭在杯口或接触茶水；留意蓄水时机，不让客人的茶杯见底，及时添水。（图 5-9）

图 5-9

（4）送客基本礼仪：主人应主动到客人驻地送别，握手致意、亲切送别。送客者应送到大门外、电梯口，甚至送上车，待客人远离视线后离开。要注意提醒客人是否有物品遗漏。远道而来的访客要注意提醒或告诉相关路线，表达关切之情。注意礼貌道别，如"欢迎常来""一路平安"等。

【练习方法】

（1）假设明天要接待一名前来投诉公司产品质量问题的客户，需要做哪些接待准备？

（2）以寝室或小组为单位，接待来寝室或驻地进行拜访的客人，进行接待礼仪训练。

【注意事项】

（1）来访者无论身份、目的如何，均应热情接待，切忌让客人坐"冷板凳"。

（2）接待过程中，要耐心倾听客人的谈话，切忌边干别的事、或不停的接听电话，否则很失礼。

（3）接待中如客人的要求使你为难，切忌生硬拒绝，应含蓄暗示自己无法做到，请求对方谅解。

二、商务拜访礼仪练习

商务人员在日常工作中需要广泛开展业务联系，而商务拜访时商务人员联络业务、沟通感情的重要方式之一。

【教学内容】

商务拜访主要分为几点：事先预约、提前准备、拜访过程时间控制及礼仪、告辞。

（1）事先预约：商务拜访的事先预约可以使拜访对象有所准备，不至于措手不及，也可提高拜访的成功率。预约时，约定宾主双方都认为比较合适的会面地点和时间，并把访问的意图告诉对方。预约时间一般为上午 10 点与下午 4 点左右登门拜访比较适宜，深夜、大清早或用餐时间不能上门拜访。

（2）拜访前的准备：明确拜访目的及任务。拜访前应想好拜访目的、谈话内容、交谈方式和任务，以提高拜访效率。如约定好时间和地点，那么一定要事先对于约会地点的交通道路、周边环境有比较充分的了解，千万不要临出发才找地址。

精心做好形象准备。形象包括着装是否适合拜访场合，妆容是否大方得体，情绪是否稳定，仪表是否端庄和整洁。

带齐所需资料。备齐资料有利于提高拜访的成功率，也可随时通过资料介绍来缓解谈话中断的尴尬和避免言多必失的困窘。

（3）拜访过程控制及礼仪：拜访过程的重点是访谈和沟通，因此，设法控制好谈话的方式、气氛、进程和走向是提高拜访成功率的关键。拜访者的礼仪规范如下：

①按约定时间准时到达会面地点。如因特殊情况不能准时到达，则应提前 15 分钟告知对方不能准时的原因，并对到达时间作出预测。

②约见会面礼仪。如约见地点设有前台接待，应主动告诉接待员你的名字、拜访对象的名字和约见时间，并递上名片以便接待员通知对方。如接待者不能马上接待，则在安排等待位置安静的等候，不要随便参观及与他人谈话，这样会打扰别人工作。如等待时间过久则可向相关人员咨询原因，或告知另定时间。

③进门之前先敲门。敲门以三下为宜，声音有节奏但不要过重。敲过三下后静待

回音。如无应声，可稍加力度再敲三下。如有应声，则侧身立于右门框一侧，带门开后再向前迈半步，与主人相对。即使对方门是虚掩或开着的，只要对方没看见在门外的你，就应当先敲门，得到主人允许后才能进入。（图 5-10）

图 5-10

④主人没叫"请坐"不能随便入座，要等主人安排指点后入座。主人不坐客人不能先入座，主人让座之后，要说"谢谢"，然后采用正式的坐姿坐下。后来的客人到达时，先到的客人要起立等待介绍。

⑤商务拜访一般是业务拜访，应控制时间，适时告辞，不要因为自己停留的时间过长而打乱对方既定的其他日程安排，影响对方工作。与对方交谈时如果对方频频看表，就代表对方想结束这次会谈，应当主动起身告辞。有些重要拜访，往往由宾主双方提前议定拜访时间和长度，在这种情况下，务必要严守约定，决不能单方面延长时间。

⑥告辞时要同主人和其他客人一一告别，并使用"打扰您了""谢谢"等礼貌用语，如需再次拜访，可以在结束此次拜访时，约定下次拜访的时间和内容。

【练习方法】

（1）假定明天你讲拜访一名重要客户，试就自身形象和资料等方面的准备工作做出列式。

（2）分小组进行一对一拜访情景模拟练习。

（3）分小组进行三对一的拜访情景模拟练习。

（4）拜访情景模拟表演纠错练习。

【注意事项】

（1）拜访七部曲——不做不速之客，提前准备，守时践约，进门通报，举止得体，适可而止，访后致谢和回复。

（2）突然性造访一般是事情紧急，来不及通知对方或事先预约，故应限于重要事项和特殊情况，千万不要因鸡毛蒜皮的小事而突然造访。突然造访应先致歉并说明理由，请对方谅解。

三、商务通讯礼仪练习

通讯，是指人们利用一定的电讯设备，来进行信息的传递。被传递的信息，既可以是文字、符号，也可以是表格、图像。在日常生活里，商界人士接触最多的通讯手段，当今主要有电话、手机、传真、电子邮件，等等。通讯礼仪，通常指在利用上述各种通讯手段时，所应遵守的礼仪规范。

【教学内容】

（一）电话礼仪

（1）接听电话礼仪：接听电话的宗旨是"宁愿麻烦自己也不浪费对方的时间和通信费"。因此，应当随时做好接听电话的准备，尽可能以最快的速度和最精确的回应来对待每一个电话。

基本礼仪如下：

①在电话铃响2～4下之间接听。

②礼貌问候，然后主动通报自己的单位、姓名，方便对方确认是否打错电话。

③礼貌应对，把握语速和语调。注意给对方调整适应和思索时间。

④认真倾听，及时记录和反馈。电话旁准备好纸和笔，对重要信息进行重复确认，这是对来电者充分尊重的体现。

⑤礼貌挂断电话。原则上由拨打一方先挂电话，其次是长者、上司、客户、女士先挂电话，切忌没有结束语就挂电话，切忌"啪"的一声重重挂上电话。（图5-11）

图 5-11

（2）拨打电话礼仪：拨打电话属于有事相商、有话要说、有事相求的主动一方，通话过程应属于主动一方，就其基本礼仪而言，主要包括准备性、时间性、语言态度性要求。

准备性要求——为了拨打电话后有效沟通，应事先理清思路，先把要谈的事情罗列出来，构思好如何切入和交谈；确认所拨打号码准确无误；准备好记录的纸和笔，以便随时记录重要信息；准备好所需的相关资料，尽量避免过程中因查找资料而浪费时间。

时间性要求——要选择对方方便的时间，不要在他人的休息时间内打电话，不要在一上班或临下班的时候打扰对方；不要在每天上午8点之前、晚上9点之后、午休和用餐时间打电话；公务电话不要往家里打，尤其是节假日时间。尽量控制好通话时间，一般不要超过 3 分钟，否则会产生听觉疲劳，影响沟通效果。

语言态度性要求——吐字准确、语言简练、语速适中、语气亲切亲和、态度友善、讲究礼貌。拨打电话时第一句是问候对方"您好"，第二句是"自报家门"，表明身份，以便对方确知来电何人，第三句是结束时说"谢谢，再见"。内容言简意赅，方便接听电话的人辨认和判断，讲到数字、人名、地名或其他关键名词时，最好放慢速度或者重复一遍，以便对方记忆和反应，这样有助于沟通。拨打电话要保持心平气和，避免在通话间隙与旁人讲话。

图 5-12

（二）移动电话礼仪（图 5-12）

移动电话，俗称手机，作为一种便携式电话终端，手机通话所带来的益处和损失比电话的影响还要大。手机是一个很容易被滥用的通话工具，手机的使用也给现代社会的文明礼仪提出了新的挑战。手机使用必须遵循以下原则：

（1）任何时候、任何公共场合使用手机都要以不妨碍他人为前提，一来是维护公共环境秩序，二来时保护隐私和避免干扰他人。

（2）进入飞机、加油站、手术室等可能危及公众安全的地方，应自觉关闭手机。

（3）身处任何重要场合，如会议、接待客人、参加庆典宴会等，都应将手机开成静音，并尽量避免使用，以表重视。

（4）手机铃响要尽快接听，以免影响旁人。如正与人交谈，则因致歉后再接听，以示对对方的尊敬。电话铃声不要当扬声器用，以免噪音污染。

（5）在禁止拍照的参观地或保密性会议场所，最好不带手机或关闭手机。

（三）收发短信礼仪

移动电话使用中还有一项重要的功能是短信沟通，但收发短信同样要讲究礼仪，这包括：

（1）短信问候或祝福需要署名，以便接收者辨认。

（2）提醒或提示性的事情以短信沟通既快捷又简单，但重要的事情发短信通知时如对方没有回复，则应改用其他方式联络，以免耽误。

（3）除垃圾短信和无关紧要的事情外，礼节上一般的短信都应及时回复。

（4）给长辈或上司发短信时，应注意称呼和措辞的礼貌性。

（四）传真礼仪

传真，又叫传真电报。它是通过安装在普通电话网络上的传真机，对外发送或是接收外来的文件、图片、图表、亲笔签名的手迹等资料的一种现代化的通讯方式。传真在商务交往中具有非常重要的广泛运用。

收发传真要注意以下几点礼仪规范：

（1）正式的传真必须有首页，注明传送者和接收者的单位、姓名、日期、总页数等基本信息。非正式传真可用总几页的方式，提示接收者是否接受完、是否缺页。

（2）收到传真后应及时告知对方，如传真不够清晰需要对方重发时，要及时告知，以免耽误。

（3）发送传真时，如对方是自动接收，应及时告知对方，以免延误。代接他人传真时，应及时转送注意保密。

（五）网络沟通礼仪

网络越来越成为人际交往和商务沟通中的重要工具之一，网络沟通礼仪，是指在网络上进行信息交流时必须注意的各种礼仪细节。而其中电子邮件，具有方便快捷、不易丢失、保密性强、清晰度高等优点，深受人们喜爱，并在很大程度上取代了书信和传真等沟通手段。电子邮件的收发礼仪大致可分为以下几点：

（1）使用传统的信函形式，遵守书信礼仪规则，最后应署名，避免过于随意。

（2）主题栏标题应一目了然，以便与垃圾邮件区分。

（3）语言要流畅。便于阅读，别写生僻字、异体字、错别字。

（4）收到邮件及时回复。

（5）尊重他人隐私，注意避免网上泄密。邮件中尽可能不涉及个人隐私。

（6）及时清理邮箱和警惕邮件病毒。

【练习方法】

（1）养成新习惯，练习每次接电话时用微笑的态度先报你的名字和公司的名字。

（2）假定你是公司的业务员，而另一人是你的朋友，现在你想向他推销产品或服务，模拟你打电话给他，与他进行沟通。

（3）接打电话礼仪纠错。由三名同学模拟各种电话场景，其他同学对表演中所犯礼仪错误进行纠错。

（4）假设公司老总正带团在国外考察，你是公司文员，请给其发一份电子邮件，告知其因产品展示会相关问题，公司老总要其尽快赶回来参加本次会议。

【注意事项】

（1）电话常常是商业战场的排头兵。我们接的每一通电话都可能是对方第一次经过电话来接触公司。因此要表现出友好、注意、专业，快速接听，及时回应。

（2）手机应该是你完美的仆人而非霸道的主人；和你面对面的人要优先于和你打电话的人。

（3）商务通讯要确保其内容的保密性，尽量避免商务内容或隐私的泄密。

第三节　职场面试技巧练习

一、站姿、坐姿与表情练习

（一）站　姿

【教学内容与动作方法】

站姿：又称"立姿"，是指人在停止行动之后，直着自己的身体，双脚着地或者踏在其他物体之上的姿态。站姿是静态的造型的动作，是平常采用的最基本的姿势，是其他动态的身体造型的起点和基础。男士应刚毅洒脱，挺拔向上，精力充沛；女士则应秀雅优美，庄重大方，亲切有礼。训练符合礼仪规范的站姿，是培养仪态美的起点，其动作要领也是培养其他优美仪态的基础。（图5-13）

图5-13

（1）垂臂式站姿（标准站姿）的规范要求：

①头正，双目平视前方，下颌微收，颈部挺直，面带微笑。

②双肩放松下沉，气沉于胸腹之间，自然呼吸，且人有向上的感觉。

③躯干挺直，挺胸，收腹，立腰。

④双臂自然下垂于身体两侧，中指贴拢裤缝，两手自然放松。

⑤双腿并拢立直，两膝严并，髋部上提。

⑥两脚跟紧靠，脚尖展开45°～60°呈"V"字型，身体重心主要支撑于脚掌、脚弓之上。

（2）侧方式站姿：侧方式站姿是男女通用的站姿。其动作要领是：在基本站姿的基础上，双腿并拢直立，双脚跟靠拢，脚尖展开呈"V"字型，双臂自然放松，垂于体侧，虎口向前，手指自然弯曲。

（3）前腹式站姿（图5-14）：站姿一：其动作要领：在基本站姿的基础上，双腿并拢直立，双脚跟靠拢，脚尖展开呈"V"字型，双手握指交于前腹。是女性常用的站姿。

图 5-14

站姿二：其动作要领：在基本站姿的基础上，两脚尖略展开，右脚（左脚）在前，将右脚跟（左脚跟）靠于左脚（右脚）内侧，成"丁"字步，双手握指交于腹前，身体重心可在两脚上，也可在一只脚上，通过两脚重心的转移减轻疲劳。此站姿只限女性使用。

（4）后背式站姿：后背式站姿是男性常用的的站姿。其动作要领是：在基本站姿的基础上，两脚打开，略窄于肩，两脚平行，身体重心放在两脚上，两臂肘关节自然内收，两手相握放于后背腰处。

（5）单臂式站姿：单臂式站姿是男女通用的站姿。其动作要领是：因工作需要，在基本站姿的基础上，选择将两脚打开或成丁字步。在工作中常见到的是左手单臂后背，右手来完成例如斟酒服务等工作。

【练习步骤】

（1）面向立镜，按照动作要领体会站立姿势。

（2）头顶可放一本书，练习颈直和头颈部的稳定性。

（3）标准式站姿训练时，双膝间可夹一本书，练习双腿并拢立直，两膝严并。

（4）靠墙站立或两个差不多等高的人为一组背靠背站立。要求：脚跟、小腿、双肩、后脑勺四点都贴紧墙或另一个人，练习身体直立，腰身挺拔。

以上训练应每次应坚持 20～30 分钟左右。练习时最好着职业装，女性穿半高跟鞋进行练习，以增强训练的时效性。训练时，可以配备优美的音乐，有利于保持愉快的心境，塑造自然亲切的笑容，减轻练习时单调、乏味之感。

【易犯错误】

在训练时，由于时间比较长，练习比较单调，会出现一些不良的站姿。站立时，应尽量注意以下身体姿态，避免不良站姿的出现。

（1）东倒西歪：站立时东倒西歪，如：头部左右歪斜或仰头、低头，左右偏头，探颈。身不直，肩不平，弯腰驼背，含胸挺腹，塌腰，撅臀，身体前倾。

（2）耸肩勾背：站立时耸肩勾背或者懒洋洋地依靠在墙上或椅背上。

（3）手脚不规范：站立时手脚不规范，如：手臂插兜或叉腰，双臂交叉抱于胸前，手腕抖动。一腿弯曲，脚尖点地，两腿交叉，两脚分开过大，抖动，蹬踏，两脚成内八字或外八字。

（4）做小动作：站立时下意识地做小动作，如：摆弄衣带、发辫、咬手指甲等。

【纠正方法】

（1）以两人为小组练习时，一人在练习时，另一人可在旁观看并纠正错误动作。

（2）多人练习时，可用 DV 摄像，将每个人的练习动作记录下来。通过播放视频，纠正每个人的错误动作。

（二）坐　姿

【教学内容与动作方法】

坐姿：是将自己的臀部位置置于椅子、凳子、沙发或其他物体之上，以支撑自己身体重量，单脚或双脚放在地上的姿势。坐姿是一种静态的身体造型，是人们常用的一种姿势，也是交往活动中最重要的人体姿势之一。不同的坐姿能传达不同的意义与情感，文雅的坐姿能展现出人体的静态美。

（1）静态坐姿的基本要求（图 5-15）：

①头正目平，双目平视前方或注视对方，下颚向内微收，嘴微闭，面带微笑。

②上半身挺直，双肩放松，挺胸收腹，腰背挺直。

③双手应掌心向下相叠或两手相交放于腹前双腿上，两脚自然垂地。

④两膝间的距离，男性以一拳为宜，女性则应双膝并拢。小腿与地面基本垂直。

⑤坐在椅子上，至少应坐满椅子的 2/3 或 3/4。

（2）动态坐姿的基本要求：入座、离座时，最好在左侧，左进左出是入座离座时的基本礼仪之一。

①入座的要求：入座动作要协调从容，要轻稳。入座时，走到座位前转身，右脚向后撤半步，慢慢地坐下，然后左脚跟上（或右脚向前），与右脚（或左脚）齐平。女性穿裙入座时，应将裙角向前收拢一下再坐。（图 5-16）

②离座的要求：需要离座时应先向周围人示意，切不可突然起身，制造紧张气氛。离座时，右脚向后迈半步，而后站起，向前走一步离开座位。

  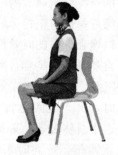

图 5-15　　　　　　　图 5-16　　　　　　　图 5-17

（3）正襟危坐式：正襟危坐式被认为是基本的坐姿，使用于正规场合。其动作要领：上身与大腿、小腿都应呈直角，小腿垂直于地面。双膝、双脚和两脚跟都要并拢。（图 5-17）

（4）双腿叠放式：双腿叠放式适合穿短裙的女性。其动作要领：在基本坐姿的基础上，将双腿完全一上一下叠放在一起，叠放后两腿之间没有缝隙，双脚斜放于左或右侧，斜放后的腿部与地面呈 45°夹角，叠放在上面的脚的脚尖垂向地面。（图 5-18）

图 5-18　　　　　　　　图 5-19

（5）双腿斜放式：双腿斜放式适合穿裙装的女性，尤其是在低处就坐时。其动作要领是：在基本坐姿的基础上，双腿并拢，双脚向左或右侧斜放，斜放后的脚部与地面呈 45°夹角。（图 5-19）

（6）前伸后曲式：前伸后曲式主要适用于女性。其动作要领是：在基本坐姿的基础上，大腿并拢，向前伸出一条腿，另一条腿往后曲回。两脚掌着地，脚尖不可上翘，两脚前后保持在一条直线上。

（7）垂腿开膝式：垂腿开膝式也是较正规的坐姿，主要适用于男性。其动作要领是：在基本坐姿的基础上，上身与大腿、小腿都应呈直角，小腿垂直于地面。两腿可以稍微分开，但不能超过肩宽。

（8）大腿叠放式：大腿叠放式主要在非正式场合采用，主要适合男性。其动作要领是：在基本坐姿的基础上，两条腿在大腿部分叠放在一起。叠放后的下方一条腿的小腿垂直于地面，脚掌着地，上方的那条腿的小腿向内收，脚尖向下。

【练习步骤】

（1）加强腰部和肩部的力量和灵活性训练。具体方法：经常进行舒肩展背动作的练习，同时利用器械进行腰部力量的训练。

（2）面对镜子，按照动作的要领体会不同坐姿。

（3）头顶可放一本书，练习坐下后的颈直和头颈部的稳定性。

以上训练每次应坚持 20～30 分钟左右。练习时最好着职业装，女性穿半高跟鞋进行练习，以增强训练的时效性。训练时，可以配备优美的音乐，有利于保持愉快的心境，塑造自然亲切的笑容，减轻练习时单调、乏味之感。

【易犯错误】

坐姿是人际交往过程中，持续时间较长的一种姿态。如果出现不良坐姿，会给对方留下难以改变的印象。在训练时，由于时间比较长，容易出现疲劳，而产生一些不良的坐姿。练习动态坐姿及静态坐姿时，应尽量注意以下身体姿态，避免不良坐姿的出现。

（1）东倒西歪：静态坐姿时东倒西歪，如：头部左、右歪斜或仰头、低头，左右偏头，头部依靠椅背，探颈。身不直，肩不平，弯腰驼背，含胸挺腹，塌腰，身体前倾。

（2）手脚不规范：静态坐姿时手脚不规范，如：手臂插兜或叉腰，双臂交叉抱于胸前，手腕抖动。手部置于桌上，双手夹在腿间，用手触摸脚部。腿部抖动，蹬踏，架脚方式不当，叉开过大，双腿向前伸直或放于桌上。

【纠正方法】

（1）以两人为小组练习时，一人在练习时，另一人可在旁观看并纠正错误动作。

（2）多人练习时，可用 DV 摄像，将每个人的练习动作记录下来。通过播放视频，纠正每个人的错误动作。

（三）表　情

表情是心境的晴雨表，是指眼睛、眉毛、嘴巴、面部肌肉以及他们的综合运用表达出来的心理活动和情感信息。

1. 微笑训练

【教学内容与动作方法】

在社会活动中，微笑是通过语言、动作和表情等反映人的心理活动的，被人类社会普遍认可的、包含大量积极信息的一种主观行为。微笑是服务的生命，微笑是服务的灵魂；微笑可以拉近与对方的心理距离，把友善与关怀有效地传递给对方，缓解服务过程中双方不愉快的情绪。微笑能消除自卑感，让自己变得更有信心，同时也能感染对方，让对方回报以微笑，创造和谐的交谈基础。

● 微笑的标准：

微笑时需要面部各个部位的相互配合，做到真笑。发自内心的微笑，会自然调动人的五官。微笑时，眉头应自然舒展，眉毛微微上扬，同时特别注意与眼神的配合。嘴角微微上翘，嘴型略呈弧形，不牵动鼻子，不发出声音。

（1）微笑时要与神情结合，显出气质。笑的时候要精神饱满，神采奕奕，要笑得亲切，甜美。

（2）微笑要表里如一。要避免皮笑肉不笑，要调整自己的情绪，使微笑发自内心，自然舒畅。

（3）要声情并茂，相辅相成。在日常生活及工作中，微笑要与语言美相结合，二者相应生辉。

（4）微笑要与仪表举止相结合，从外表形成完美统一的效果。（图 5-20）

【练习步骤】

（1）他人诱导法：同桌、同学之间互相通过一些有趣的笑话、动作引发对方发笑。

（2）情绪回忆法：通过回忆自己曾经美好的往事，幻想自己将来要经历的美事引发微笑。

（3）口型对照法：通过一些相似性的发音口型，找到适合自己的最美的微笑状态。

图 5-20

如：“C”“E”“茄子”“七”“前”“田七”等。

（4）习惯性佯笑：加强心理素质的锻炼，增强自控力。控制自己的情绪，强迫自己忘却烦恼、忧虑，让自己微笑。时间久了，次数多了，就会改变心灵的状态，发出自然的微笑。

（5）对镜练习法：对着镜子练习微笑，调整自己的嘴型和面部其他部位和眼神，找到自己认为较完美的状态，经常练习，形成习惯。笑不露齿是微笑；露上排牙齿是轻笑；露上下八颗牙齿是中笑；牙齿张开看到舌头是大笑。

（6）含箸法：这是日式训练法。道具是选用一根洁净、光滑的圆柱形筷子（不宜用一次性的简易木筷，以防拉破嘴唇），横放在嘴中，用牙轻轻咬住（含住），以观察微笑状态。

（7）基本微笑训练：

·课堂上，每个人准备一面小镜子，做脸部运动，配合眼部运动。用书本遮住嘴巴后进行微笑，让同桌看到自己的眼睛在“微笑”。

·做各种表情训练，活跃脸部肌肉，使肌肉充满弹性；丰富自己的表情仓库；充分表达思想感情。

·观察、比较哪一种微笑最美、最真、最善，最让人喜欢、接近，且最适合自己。

·每天早上起床后，对镜子进行反复训练。出门前，心理暗示“今天天气很好、心情很愉悦”等。

（8）创设环境训练：在课堂上，可假设一些场合、情境，让同学们调整自己的角色，绽放笑脸。

（9）课前微笑训练：每一次课前早到一会儿，与老师、同学们打招呼，微笑问候。

（10）微笑服务训练：课外或校外，参加礼仪迎宾活动和招待工作等，通过实践训练微笑。

（11）具体社交环境训练：遇见每一个都能展露出自己最满意的微笑。

【易犯错误】

（1）缺乏诚意，强装笑容。

（2）露出笑容随即收起。

（3）仅为情绪左右而美。

（4）只把微笑留给上级、朋友等少数人。

二、视线处理与集中注意力练习

【教学内容与动作方法】

眼睛是人类面部的感觉器官之一，最能有效地传递信息和表达情意。眼神是希望交流的信号，表示尊重并愿意倾听对方的讲述。在人际交往过程中，眼神能够反映出人们的内心世界微妙的变化，恰当有效地使用眼神会取得意想不到的效果。

（一）注视的方法

（1）公务注视。适用于洽谈公务的正式场合，如磋商、谈判等。注视的位置在对方的双眼与额头之间的上三角区域内。

（2）社交注视。适用于各种社交场合，如舞会、朋友聚会等。注视的位置在对方双眼与嘴唇之间的下三角区域内。

（3）亲密注视。一般用于亲人、恋人、家庭成员之间的交流。注视的位置在对方双眼与胸部之间。

（二）注视的部位

（1）注视对方的双眼。即可表示自己对对方全神贯注，又可表示对对方所讲的话正在认真聆听。但时间不易过久，否则双方都会比较难堪。

（2）注视对方的面部。与对方较长时间交谈时，可以以对方整个面部为注视区域。注视对方面部时，最好不要聚焦于一处，二是以散点柔视为宜。

（3）注视对方的全身。与对方相距较远时，范围一般应当以对方的全身为注视之点。

（4）注视对方的局部。在与对方交流时，往往会因为实际需要而对对方身体的某一部分多加注视，例如：在递接物品时，会注视到对方的手部。需要特别说明的是，如果没有任何理由而去注视大量对方的头顶、胸部、腹部、臀部或大腿，都是失礼的表现。

（三）注视的角度

（1）正视。正视就是正面注视服务对象，在注视的时候，与之正面相向，同时还需将上身稍微前倾。正视对方是交往中的一种基本礼貌，表示对交谈对象的重视。

（2）平视。平视就是视线呈水平状态，服务人员与服务对象的视线处于相似高度，表示平等和友好。

（3）仰视。仰视就是主动处于较低的位置，抬眼注视他人。表示对服务对象的尊重和敬畏，使服务对象获得被尊重的感觉。

（四）注视的时间

（1）表示友好。若对对方表示友好，则注视对方的时间应占全部相处时间的 1/3左右。

（2）表示重视。若对对方表示关注，如请教问题、听专题报告时，则注视对方的时间应占全部相处时间的 2/3 左右。

（3）表示兴趣。若注视对方的时间长于全部相处时间的 2/3 以上，还有另一种情况，面带微笑地注视对方，即表示对对方产生兴趣。

（4）表示轻视。若注视对方的时间不到相处全部时间的 1/3，往往意味着对其瞧不起，或没有兴趣。

（5）表示敌意。若注视对方的时间超过了全部时间的 2/3 以上，眼神流露出不友好，往往表示可能对对方抱有敌意，或寻衅滋事。

【练习方法】

（1）睁大眼睛训练法。每天有意识地练习用力睁大眼睛的次数，增强眼部周围肌肉的力量。

（2）转动眼球训练法。头部保持稳定，眼球尽最大努力向四周做顺时针和逆时针 360°转动，增强眼球的灵活度。

（3）钟摆式训练法。用线和小金属球等物品制作摆动体，悬挂于适当位置，双目盯住小球并随之摆动。一方面训练眼球的灵活的，另一方面训练眼睛的捕捉物体的能力。

（4）目光集中训练法。眼睛盯住 2～3 米处的某一物体，先看外形轮廓，逐渐缩小范围到物体的某一部分，再到某一点，再到局部，再到整体。反复练习，可以提高眼睛的明亮度，使眼睛更有神采。

（5）观察体会训练法。在日常生活中，注意观察和体会电视剧中的演员是如何通过眼神表达内心情感的。在学校与擦肩而过的同学进行眼神接触，试着揣摩对方的心理。购物时，观察服务员的眼神和态度之间的关系。

【训练步骤】

● 定向转眼的训练：

（1）眼球由正前方开始，移到左眼角，再回到正前方，然后再移到右眼角。如此反复练习。

（2）眼珠由正前方开始，眼球由左移到右，由右移到左。反复练习。

（3）眼球由正前方开始，眼球移到上（不许抬眉），回到前。移到右，回到前。移到下，回到前。移到左，回到前。再反复练习。

（4）眼球由正前方开始，由上、右、下、左各做顺时针转动，每个角度都要定住。眼球转的路线要到位。然后再做逆时针转动，反复练习。

● 扫眼的训练：

（1）慢扫眼：在离眼睛 2～3 米处，放一张画或其他物。头不动眼睑抬起，由左向右，做放射状缓缓横扫，再由右向左，四拍一次，进行练习。视线扫过所有东西尽量一次全部看清。眼球转到两边位置时，眼睛一定要定住。逐渐扩大扫视长度，两边可增视斜 25°，头可随眼走动，但要平视。

（2）快扫眼：要求同慢扫眼但速度加快。由两拍到位，加快至一拍到位。两边定眼。还可结合上述十二种眼神练习进行表演及小品练习。

【易犯错误】

（1）初练时，眼睛稍有酸痛感。这些都是练习过程中的正常现象，其间可闭目休息两三分钟。眼睛肌肉适应了，这些现象也就消失了。

（2）练习时，无法掌握散点柔视法的运作，出现上上下下反复打量对方。

【纠正方法】

在眼神注视对方时，视角要相对保持稳定，及时需要有所变化，也好注意到自然过渡。

三、面试小细节处理

【教学内容与动作方法】

（1）留下良好的第一印象：第一印象又称首因效应。人们在日常生活之中，初次接触某人、某物、某事时所产生的即刻印象，通常会在对该人、该物、该事的人知方面发挥明显的，甚至举足轻重的作用。面试时给考官的第一印象很重要，开始的印象往往可能就决定了面试结果。

大体来说，着装应与企业性质、文化相吻合，与职位相匹配。在面试时，一般着正装，正装不仅正式大方，而且对别人也是一种尊重。细节之处处理好，如头发、指甲、配件等细节之处，都应该干净，显示出干练精神的良好印象。女性一定要注重衣着形态的细节，避免穿无袖、露背、迷你裙等装束，化妆要端庄淡雅。对于初次求职者或刚出校门的大学生，服饰以大方简洁为主。

（2）切忌紧张与慌张：面对面试官，多数人都会出现紧张感，这是面试的大忌。对于大多数人来说，面试时紧张多半是由于太在乎这次面试的机会，深怕不被录取所导致的。

面试前努力使全身心放松，采用深呼吸法保持平静，或用心理暗示法来使自己放松。只有放松，才能准备把握考官要问的问题和自己的回答方式。心情放松、心态平衡、充满自信，有利于给考官留下好印象，也有利于保持自身头脑清醒。

（3）自我介绍时，重点要突出：面试时的自我介绍是必不可少的环节，求职者回答问题时一定要注意，所讲述的内容要与简历相一致。若有矛盾，会给自己平添麻烦。做自我介绍时，坦诚自信地展示自我，重点突出与应聘职位相吻合的个人优势。

（4）得体的肢体语言：在面试者给人的印象中，用词内容占 7%，肢体语言占 55%，说话的语音语调占 38%，因此肢体语言在整个面试过程中占举足轻重的作用。认真聆听、面带微笑、措辞严谨、回答简洁、精神风貌乐观积极，这些丰富的肢体语言和恰当的语音语调，会给你的面试锦上添花、事半功倍！

【练习方法】

（1）个人训练形式的模拟面试。个人训练形式是最原始的训练方式，也是最有效的训练形式。

（2）现场互动形式的模拟面试。进行 4～5 人为小组，现场互动形式多为一对多形式，模拟应聘者通过仿真的面试问答，使参与者体会到面试的氛围并找到自己面试的弱点，有机会的话还可以通过模拟练习加以提高。

【练习步骤】

（1）个人训练形式。每天利用 10 分钟时间，面对镜子的自我练习。通过镜子看到真实的自我，反复矫正训练。

（2）现场互动形式。同学之间互相扮演面试官和求职者角色。相互付出劳动，相互学习，可以反复练习。

【易犯错误】

面试也是个人演讲与口才集中的表达方式，除了对问题的理解外，表达是否流畅，语气、表情是否自然。面试中易犯错误常常不外乎以下几点：

（1）在给面试一开始的首因效应时，求职者的仪容、仪表、仪态（包括：头发、容貌、服饰、体态、风度、个人卫生等）不得当。生活细节不注意，如不敲门、不打招呼就闯进来，给人一种不尊重人、冒失、无修养、不文明的印象。

（2）求职者的个人材料准备不全。由于紧张，忘记带各种等级、学位证书。

（3）自我评价不正确。在面试前一定对自己要有一个正确的评价和了解，知道自己最擅长做什么？对什么敏感，有何兴趣？拥有什么样的技巧？最讨厌什么？

（4）信息了解不深入。在应聘某一岗位时，应了解该企业和岗位信息的相关信息，如企业文化、岗位内容及职责等。

（5）面试时过度紧张。过于拘谨而表现不足，表现在回答问题时，支吾搪塞、答非所问；表现在言行举止上，神色不安、抓耳挠腮、避开主考官视线等。

（6）回答问题不恰当。包括回答问题太随意，自我介绍没重点，离职原因不恰当等。在面试官讲话中插嘴，给人以性情急躁，不懂尊重人的感觉。面试时接电话，给人以自行其是，不懂分场合处理事务的印象。

（7）面试结束后的行为忽略。一是忽略感谢面试官，二是急于询问面试结果，三是面试之后不总结。

【纠正方法】

（1）加强个人仪容、仪表、仪态训练，让自己充满自信。

（2）个人准备要充分。在模拟训练时，通过录像加以训练。有条件的求职者，可以将自己面试模拟的视音频全部录制下来，反复观看，加以矫正和训练，类似于学习英语的复读机一样，反复训练。

（3）认真对待现场互动形式的模拟面试。有条件的话，可（学校）单位聘请到知名人力资源工作者对模拟应聘者进行模拟面试，进行专家指点。

第四节　职业场景姿态练习与办公室形体操

一、服务职场姿态练习

服务是指为他人做事，并使他人从中受益的一种有偿或无偿的活动。服务是一种劳动方式，它不是以实物形式而是以提供劳动的形式满足他人某种需求的活动。它不是创造实物产品，但又必须以实物产品为依托。

【教学内容与动作方法】

（1）服务语言规范。服务语言规范是指对服务人员在工作岗位上使用的礼貌用语及谈话技巧的要求及准则。

（2）服务仪态规范。服务仪态规范是指对服务人员的身体在工作岗位上的姿态、行为和动作的具体要求。主要包括：仪态、举止、风度。

（3）服务岗位规范。服务岗位规范是指服务人员在服务岗位上应遵循的具体要求和操作标准。

【练习方法】

（1）服务仪态训练，包括：站姿、坐姿、走姿、蹲姿、眼神、微笑、手势的训练。通过训练，让学生掌握服务仪态的基本要领，并能正确使用各种服务仪态。

（2）服务规范语言训练，包括：礼貌用语、文明用语、电话用语训练。通过掌握常用的礼貌用语、服务用语及电话用语的使用方法，以及正确的身体姿态和面部表情。能帮助从事服务工作的服务人员在服务场合能够正确地使用礼貌用语、服务用语及电话用语，从而体现对服务对象的尊重。

（3）模拟服务场景训练。通过模拟服务场景的训练，加深学生对各种服务体态动作要领的掌握，锻炼学生面对实际服务场景时的应变能力。

【训练步骤】

（1）做各种服务姿态训练。每种姿态各训练10～20分钟，练习时最好着职业装，女性穿半高跟鞋进行练习，以增强训练的时效性。训练时，可以配备优美的音乐，有利于保持愉快的心境，塑造自然亲切的笑容，减轻练习时单调、乏味之感。

（2）微笑训练时，配备小镜子。

（3）模拟服务场景训练。以5～6人为小组，以各种服务场景，进行训练，如：餐厅点餐场景、酒店前台服务场景、卖场导购服务场景、机上乘务服务场景、电话服务等。由学生分组练习，分组考核，用摄像机记录学生考核过程，学生进行自我评价，教师给予点评及指导学生存在问题。

（4）实践训练。参加学校或学校外的顶岗服务，真实体验服务的要领。

【易犯错误】

（1）服务仪态训练时，动作不到位，不标准，出现各种小动作。

（2）服务规范语言训练时，容易出现言语与眼神及面部表情配合不协调，语言组织欠缺，言语使用场合不正确等问题。

（3）服务场景模拟训练时，易出现小组配合不默契。

（4）实践训练时，可能会因为紧张出现各种差错。

【纠正方法】

（1）在个人训练时，利用立镜进行练习，可以看到镜中自己的动作是否规范。

（2）在集体练习时，用摄像机记录学生训练及考核的过程，通过回放，学生可进行自我点评，进行修正。

二、接待职场姿态练习

（一）接待手势

相传握手起源于原始社会靠狩猎为生的人们会面时，为向对方表明友善，双方伸出右手，让对方触摸手心，意思是我没带任何用于攻击的武器。后来这种习俗逐渐演变成今天见面时的握手礼节，握手不仅是见面时相互致意的礼节，也是表示祝贺、感谢的一种基本礼仪。

【教学内容】

（1）握手大致分如下情形：

①在社交场合的彼此会面与道别后要握手。

②同久别重逢的亲朋好友见面时要握手。

③向他人表示恭贺、祝贺时要握手。

④自己在接受奖状、奖品时同发奖人要握手。

⑤参加各种红白之事，告辞时同主人要握手。

⑥向他人表示谢意时要握手，等等。

（2）握手技巧：

①握手的顺序：握手讲究"尊者为先"的握手顺序，即应由主人、女士、长辈、身份或职位高者先伸手，客人、男士、晚辈、身份或职位低者方可与之相握。

②握手的方式：握手一定要用右手，即使是左撇子，也要伸出右手去握，这是约定俗成的礼仪。

a. 平等式握手（单手握）：适用于与初次见面或交往不深的人相握。施礼双方各自伸出右手，手掌均呈垂直状态，四指并拢，拇指张开，肘关节微屈并抬至腰部，上身稍微前倾，目视对方，与之右手相握，可以适当上下稍许晃动三四下，一般时间为3～5秒，然后松手，恢复原样。（图5-21）

图 5-21

b. 手扣手式握手：主动握手者用右手握住对方的手，再用左手握住对方的手背，这种握手方式在西方国家被称之为"政治家的握手"。用这种姿势握手的人，可以让被握者感到热情真挚，诚实可靠，在朋友和同事之间很可能会达到预期的结果。

c. 双握式握手：适用于双方情投意和，极为亲密的人之间。用双手握手的人，目的是想向对方传递出一种真挚，深厚的友好感情。这种形式的握手有两个组成部分：一，主动握手者的右手与对方的右手相握，他的左手移向对方的右臂，这样，他伸出的右手和左臂就可以一齐向接受者传递更多的感情。二，主动握手者左手进入对方的亲密区域，这样他的左手和左臂就能给对方更多的温暖。

③握手的掌势：若掌心向下则显得傲慢，似乎处于高人一等的地位，表现出一种支配欲和驾驭感；握手之时，若掌心向上，则是谦恭和顺从的象征；握手之时，若双方手掌均呈垂直状态，两人都欲处于支配地位，并都想使对方处于顺从状态。而在涉外场合，双方手掌均呈垂直状态，则意味地位平等。

④握手的禁忌：

a. 在社交场合，人们应该站立着握手。如坐着，有人向你走来和你握手，你就必须站起来。如因身体不便或者其他原因不能站起来，你一定要说："对不起，我不能站起来。"

b. 握手时手要干净，如果碰巧手很脏，应先向对方致歉，将手洗净后再握。但在他人由于疏忽而伸出脏手与你相握时，你应该照样伸手，以示友好。不论在何种情况下，不要拒绝与他人握手。不要在与人握完手后立即用手帕等物揩拭自己的手。

c. 不要戴手套、墨镜与人握手，只有女士戴薄纱手套与人握手是允许的，否则是十分不礼貌的。

d. 不要用左手与人握手，尤其是不要与阿拉伯人、印度人等有"左手忌"的人这样握手。

e. 众人握手时，不要交叉相握，要依次进行。

【练习方法】

（1）一对一进行标准握手姿势练习。

（2）握手表演纠错练习，由两同学进行各种不同方式的握手情景表演，其他同学进行纠正。

【注意事项】

（1）握手并不是一种全球性的礼节。在有些国家，握手仅限于特定的场合和范围。如在美国，只有被第三者介绍后，两人才可握手。

（2）握手应神态专注、姿势自然、手位适当、力度和时间适中，禁忌木棍式、蜻蜓点水式、用力夸张式。

（二）名片手势

名片是现代社会私人交往和公务交往活动中一种重要的自我介绍方式，有人把它称之为自我的"介绍信"、社交的"联谊卡"。我国名片规格通常为 9 厘米×5.5 厘米。

名片是一种给别人留下你的联络方式的简单易行的方法。一般社交名片只印姓名、电话、传真、地址、E-mail，而商务名片则加印公司名称、办事处地址、职衔等。

【教学内容】

（1）名片基本作用：

充当私人介绍信——准确传递个人信息的媒介。

辅助沟通和联络——自我介绍并方便日后联络。

提示变更信息——对故友、亲朋起到变更通知作用。

替代便函或礼单——将名片连同文件或礼品一并送出，使对方知道是谁送来的。

充当拜帖——初次拜访时可将名片交给秘书、门卫等转交被访者。

替代留言便条——拜访他人不遇，可留言或留名片。

（2）名片使用技巧：

①递送名片：递送名片要分清对象，不能像发传单一样，见人就递，逢人就送。名片是形象的代表，应保持干净整洁，不可将折叠或破损的名片递送给对方。

● 发送名片的情形：

希望认识对方；被他人介绍给对方；对方提议交换名片；对方向自己所要名片；初次登门拜访；希望得到对方的名片；自己情况变更需要通知对方等。

● 递送名片的顺序：

名片的递送一般由位低者先向位高者递送名片，男性先向女性递送名片。当对方不止一个人时，可按照"由尊而卑、由近而远"的原则；如分不清职务高低和年龄大小时，则先和自己对面左侧的人交换名片。

● 递送名片方法：

送名片时，要准备好放在易于拿出的地方，不要临时东翻西找。向对方递送名片时，应面带微笑，注视对方，将名片正对着接受名片的人，用双手的拇指和食指分别持握名片上端的两角，上体向前倾15°递给对方。如果是坐着的，应该起立或欠身递送。递送时，应说一些客气话，如"这是我的名片，请您收下"，"很高兴认识您，这是我的名片，希望以后多联系"等。（图5-22）

图5-22   图5-23

②接受名片：接受别人名片时，应起身站立，面带微笑，目视对方，双手承接或右手接（同时交换名片时），并口头道谢。接过后立即看3秒以上，不清楚之处可立即请教，使对方感到受重视。收到名片后应立即回赠，如没带名片或已发完应致歉。

名片体现着个人尊严，不要左手单手接名片，收到名片后应保存好，不要把别人名片掉在地上或留在桌上。（图5-23）

③索要和婉拒名片的礼仪：为了尊重别人的意愿，最好不要向他人索要名片。如果确信是他忽略了而并非不愿意，则可用婉转的方式提醒："不知以后如何与您联系？可否留下通讯地址？"对方自然会想起送给你名片。

当别人向你索要名片，你不想给对方时，应用委婉的方法表达此意。可以说："对不起，我忘了带名片。"或者"抱歉，我的名片用完了。"

【练习方法】

（1）对镜练习递送名片和接收名片姿势。

（2）名片交接模拟练习：思考名片有什么作用？如何正确递送与接受名片？索要名片与婉拒他人所要时应该如何处理？

（3）分别假定不同目的、不同场景、不同身份下的名片交接。既可分组练习，也可一对一练习。

【注意事项】

（1）商务场合运用商务名片给对方正式、可信感；而与一般朋友交往时宜使用社交名片，否则职务和头衔容易给人疏远感。

（2）递换名片时，应当起立，就近，齐胸高度，双手递给对方；接受名片时也是如此。

（3）注意分寸，不可滥发；不可漫不经心；不可厚此薄彼；不可随意乱放。

三、办公室实用形体操

（一）办公室肩颈操

第一节：颈部屈伸

【预备姿势】

直立，躯干保持正直状态，双腿并拢，肩放松，双手手掌相叠贴于颈后。（图5-24）

图 5-24　　　　　　图 5-25　　　　　　图 5-26

【动作做法】

第一个八拍

1～4拍低头，下颚尽力触于锁骨，双手经体侧到头顶上方伸直双肘，掌心重叠大拇指相扣。（图5-25）

5～8拍仰头，下颚尽力指向天，双手经体侧回到颈后十指交叉相握，掌心向内。（图5-26）

第二个八拍同第一个八拍。

第三个八拍

1～4拍头部由上经右下方转，下颚指向右肩并且尽力平行，双手手掌相叠贴于颈后。（图5-27）

5～8拍头部由右经左转，下颚指向左肩并且尽力平行，双手手掌相叠贴于颈后。（图 5-28）

图 5-27　　　　　　　　　图 5-28

第四个八拍同第三个八拍。

第二节：颈部转动

【预备姿势】

直立，躯干保持正直状态，双腿并拢，肩放松，双手下垂。（图 5-29）

图 5-29

【动作做法】

第一个八拍

1～4拍头部由右下经左上方转，下颚上抬。（图 5-30）

图 5-30

5～8拍头部由左下经右上方转，下颚上抬。（图 5-31）

图 5-31

第二个八拍同第一个八拍。

第三个八拍

1~4拍头部由右上经右下方向左转，再绕环360°下颚上抬至左上方。（图5-32）

图 5-32

5~8拍头部由左上经左下方向右转，再绕环360°下颚上抬至右上方。（图5-33）

图 5-33

第四个八拍同第三个八拍。

第三节：肩部上展

【预备姿势】

直立，躯干保持正直状态，双腿并拢，双手上举屈肘互握肘关节。（图5-34）

【动作做法】

第一个八拍

1~4拍低头，左手用力将右肘在头后拉向左方。（图5-35）

5~8拍低头，右手用力将左肘在头后拉向右方。（图5-36）

图 5-34   图 5-35   图 5-36

第二个八拍同第一个八拍。

第三个八拍

1～4拍双手经下向后在背后互握前臂，左手用力将右臂由背后拉向左方。（图5-37）

5～8拍右手用力将左臂由背后拉向右方。（图5-38）

图 5-37　　　　　　　　　　图 5-38

第四个八拍同第三个八拍。

第四节：肩部下拉

【预备姿势】

直立，躯干保持正直状态，双腿并拢，肩放松，双手下垂。（图5-39）

【动作做法】

第一个八拍

1～4拍右肩向右上方用力耸起，左肩用力下垂，双肘伸直。（图5-40）

图 5-39　　　　　图 5-40　　　　　图 5-41

5～8拍左肩向左上方用力耸起，右肩用力下垂，双肘伸直。（图5-41）

第二个八拍同第一个八拍。

第三个八拍

1～4拍右肩关节向后转动360°，双手放于体侧自然下沉。（图5-42）

图 5-42

5～8拍右肩关节向前转动360°，双手放于体侧自然下沉。（图5-43）

图 5-43

第四个八拍同第三个八拍，但换左肩。

（二）办公室椅子操

第一节：头部练习

【预备姿势】

坐在椅子上，身体坐直，两脚自然分开，两手扶在体侧椅子边，肩放松。

【动作做法】

第一个八拍

1～2拍头部向前屈一次。（图5-44）

图 5-44　　　　　　图 5-45

3～4拍头部向后屈一次。（图5-45）

5～6拍头部向左侧屈一次。（图5-46）

7～8拍头部向右侧屈一次。（图5-47）

第二个八拍

1～2拍头部向左转一次。（图5-48）

图 5-46　　　　图 5-47　　　　图 5-48　　　　图 5-49

3～4拍头部向右转一次。（图5-49）

5～6拍头部由右侧经下向左侧绕至左侧上。（图5-50）

图5-50

7～8拍头部由左侧经下向右侧绕至右侧上。（图5-51）

图5-51

第三个八拍

1～4拍头部由右经下向左绕环一周至左侧上。（图5-52）

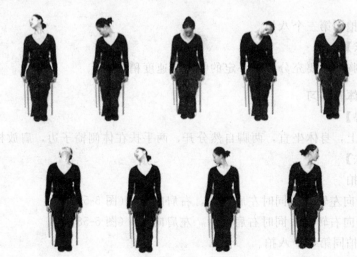

图5-52

5～8拍头部由左经下向右绕环一周至右侧上。

第四个八拍同第三个八拍。

【练习要求】

练习时要求肩部放松，头部绕环时尽量幅度大，最后一拍要有力度。

第二节：胸部练习

【预备姿势】

坐在椅子上，身体坐直，两脚自然分开，两手扶在体侧椅子边，肩放松。

【动作做法】

第一个八拍

1～4拍头后仰，挺胸，双肩尽量向后打开。（图5-53）

5～8拍低头，含胸，双肩尽量向前收。（图5-54）

第二个八拍同第一个八拍。

第三个八拍

1～4拍头后仰，挺胸，同时上体向后靠在椅背上，两手抱住靠背。（图5-55）

5～8拍低头，含胸，上体前屈，同时胸部贴住大腿，双手抱小腿。（图5-56）

| 图 5-53 | 图 5-54 | 图 5-55 | 图 5-56 |

第四个八拍同第三个八拍。

【练习要求】

含胸、展胸动作要充分，有一定的幅度，速度稍慢。

第三节：体转练习

【预备姿势】

坐在椅子上，身体坐直，两脚自然分开，两手扶在体侧椅子边，肩放松。

【动作做法】

第一个八拍

1～4拍腰向左转动，同时左肩向后，右肩向前。（图5-57）

5～8拍腰向右转动，同时右肩向后，左肩向前。（图5-58）

第二个八拍同第一个八拍。

第三个八拍

1～4拍腰向左转体90°，同时左臂侧平举，右臂前平举。（图5-59）

5～8拍腰向右转体90°，同时右臂侧平举，左臂前平举。（图5-60）

| 图 5-57 | 图 5-58 | 图 5-59 | 图 5-60 |

第四个八拍同第三个八拍。

【练习要求】

练习时腰的转动不易过快，动作幅度大而缓。

第四节：体侧练习

【预备姿势】

坐在椅子上，身体坐直，两脚自然分开，两手叉腰，肩放松。

【动作做法】

第一个八拍

1～4 拍身体向左侧倒体 1 次。（图 5-61）

5～8 拍身体向右侧倒体 1 次。（图 5-62）

| 图 5-61 | 图 5-62 | 图 5-63 | 图 5-64 |

第二个八拍同第一个八拍。

第三个八拍

1～4 拍身体向左侧倒体，同时左脚向左侧点地，左手触左脚尖。（图 5-63）

5～8 拍身体向右侧倒体，同时右脚向右侧点地，右手触右脚尖。（图 5-64）

第四个八拍同第三个八拍。

【练习要求】

练习时身体正对前方，上体不要转动，身体侧屈幅度要大。

第五节：腹肌练习

【预备姿势】

坐在椅子上，身体坐直，两脚自然分开，两手扶在体侧椅子边，肩放松。

【动作做法】

第一个八拍

1～2拍左脚屈膝，抬至胸前。（图5-65）

3～4拍还原。

5～6拍右脚屈膝，抬至胸前。（图5-66）

7～8拍还原。

第二个八拍

1～2拍双脚屈膝，抬至胸前。（图5-67）

图5-65　　　　图5-66　　　　图5-67　　　　图5-68

3～4拍还原。

5～8拍同1～4拍。

第三个八拍

1～2拍左腿直腿前举，高于腰部。（图5-68）

3～4拍还原。

5～6拍右腿直腿前举，高于腰部。（图5-69）

7～8拍还原。

图5-69　　　　图5-70　　　　图5-71　　　　图5-72

第四个八拍

1～4拍双腿直腿前举，成直角。（图5-70）

5～8拍还原。

【练习要求】

练习时脚尖始终绷直，腿上举越高越好。

第六节：踢腿练习

【预备姿势】

站在椅子边上，身体侧对椅背，两脚直立，单手扶在椅子背上。

【动作做法】

第一个八拍

1～2拍内侧腿支撑站立，外侧腿向前上方踢腿一次，同时外侧手侧平举。（图5-71）

3～4拍还原。

5～8拍重复一次。

第二个八拍

1～2拍双手握椅背右腿支撑站立，左腿向侧踢腿一次，身体保持正直。（图5-72）

3～4拍还原。

5～8拍重复一次。

第三个八拍

1～2拍双手握椅背右腿支撑站立，左腿向后踢腿一次，身体稍前倾。（图5-73）

3～4拍还原。

5～8拍重复一次。

图 5-73　　　　　图 5-74　　　　　图 5-75　　　　　图 5-76

第四个八拍

1～2拍内侧腿支撑站立，外侧腿向前踢腿一次，同时外侧手侧平举。

3～4拍内侧腿支撑站立，外侧腿向侧踢腿一次，同时外侧手侧平举。

5～6拍内侧腿支撑站立，外侧腿向后踢腿一次，同时外侧手侧平举。

7～8拍内侧腿支撑站立，外侧腿向侧踢腿一次，同时外侧手侧平举。

第五个八拍至第八个八拍换腿进行练习。

【练习要求】

练习时支撑腿一定要直立，踢腿的速度要快，尽量要有高度。

第七节：提踵练习

【预备姿势】

站在椅子边上，身体面对椅背，两脚直立，双手扶在椅子背上。

【动作做法】

第一个八拍

1～4拍两脚跟向上顶起，前脚掌支撑，身体直立，同时双手轻扶椅背。（图5-74）

5～8拍还原。

第二个八拍同第一个八拍。

第三个八拍

1～4拍左脚跟向上顶起，前脚掌支撑，同时右脚屈膝向右侧提起。（图5-75）

5～8拍还原。

第四个八拍

1～4拍右脚跟向上顶起，前脚掌支撑，同时左脚屈膝向左侧提起。（图5-76）

5～8拍还原。

【练习要求】

练习时脚跟要顶得高，身体保持直立。

第八节：调整练习

【预备姿势】

两脚左右开立，两手下垂。

【动作做法】

第一个八拍

1～4拍两臂经侧向上举起至头顶上交叉，掌心向外，同时抬头挺胸。（图5-77）

图 5-77

5～8拍翻腕，掌心向上，两臂经侧落下，同时低头含胸。（图5-78）

第二个八拍至第四个八拍同第一个八拍。

【练习要求】

连续做4个八拍，练习时身体尽量放松，同时做深呼吸。

图 5-78

（三）办公室地面操

第一节：腿部练习

【预备姿势】

大分腿坐在地面上，双手上举，手心相对。（图 5-79）

图 5-79　　　　　　　　　　　　图 5-80

【动作做法】

第一个八拍

1～2 拍上体向前倾，下压，两手侧平举。（图 5-80）

3～4 拍上体抬起，还原成预备姿势。

5～8 拍同 1～4 拍。

第二个八拍

1～2 拍上体向左侧腿方向前倾下压，左手侧平举，右手前平举。（图 5-81）

图 5-81

3～4 拍上体抬起，还原成预备姿势。

5～8 拍同 1～4 拍，但方向相反。

第三个八拍

1～2 拍上体向左侧腿方向侧倒下压，左手下举，右手上举。（图 5-82）

图 5-82

3～4 拍上体抬起，还原成预备姿势。

5～8 拍同 1～4 拍，但方向相反。

第四个八拍

1～2 拍上体由左侧下压向右侧绕环，同时右手前举，左手侧举。（图 5-83）

图 5-83

3～4 拍上体抬起，还原成预备姿势。

5～8 拍同 1～4 拍，但方向相反。

【练习要求】

练习时上体要保持正直，两腿尽量分开，两膝伸直，抬头挺胸。

第二节：体前屈练习

【预备姿势】

直角坐，两臂上举。（图 5-84）

图 5-84　　　　　　　　图 5-85　　　　　　　　图 5-86

【动作做法】

第一个八拍

1～2 拍上体前倾，左手下压，右手后上举。（图 5-85）

3～4 拍还原成预备姿势。

5~6拍上体前倾，右手下压，左手后上举。（图 5-86）

7~8拍还原成预备姿势。

第二个八拍

1~2拍上体前倾，双手下压。（图 5-87）

图 5-87　　　　　　　图 5-88　　　　　　　图 5-89

3~4拍还原成预备姿势。

5~8拍同 1~4 拍。

第三个八拍、第四个八拍同第一个八拍、第二个八拍。

【练习要求】

练习时上体尽量去贴大腿，手要尽量去触摸脚尖。

第三节：胸腰练习

【预备姿势】

直角坐，两臂放在体侧。

【动作做法】

第一个八拍

1~4拍屈膝，两手抱腿，低头含胸。（图 5-88）

5~8拍腿放开成直角坐，同时手往后撑，抬头挺胸。（图 5-89）

第二个八拍同第一个八拍。

第三个八拍

1~4拍从直角坐到平躺在地上，同时两手侧平放。（图 5-90）

图 5-90

5~8拍顶胸，同时两手压地面，头后倒。（图 5-91）

图 5-91

第四个八拍同第三个八拍。

【练习要求】

练习时胸腰部要充分放松，动作幅度大。

第四节：髋部练习

【预备姿势】

直角坐，两臂撑于体后。（图5-92）

图 5-92　　　　　　　　　　图 5-93

【动作做法】

第一个八拍

1～2拍左脚屈膝，同时向内旋转90°。（图5-93）

3～4拍左脚伸直，还原成预备姿势。

5～6拍右脚屈膝，同时向内旋转90°。（图5-94）

图 5-94　　　　　　　　　　图 5-95

7～8拍右脚伸直，还原成预备姿势。

第二个八拍同第一个八拍。

第三个八拍

1～4拍屈膝平躺，两脚登地顶髋，双手压垫。（图5-95）

5～8拍屈膝平躺。

第四个八拍同第三个八拍。

【练习要求】

练习时转动幅度要大，髋要顶高。

第五节：背部练习

【预备姿势】

跪撑在地上。

【动作做法】

第一个八拍

1~4拍跪撑，腰部向下蹋，同时抬头挺胸。（图5-96）

图 5-96 图 5-97 图 5-98

5~8拍跪撑，腰部向上拱，同时低头含胸。（图5-97）

第二个八拍同第一个八拍。

第三个八拍

1~2拍跪撑，左手向上，左腿向后举起。（图5-98）

3~4拍还原成跪撑。

5~6拍跪撑，右手向上，右腿向后举起。（图5-99）

7~8拍还原成跪撑。

第四个八拍同第三个八拍。

【练习要求】

练习时动作幅度要大，节奏要缓。

第六节：前、侧踢腿练习

【预备姿势】

直角坐，双手支撑在体后。

【动作做法】

第一个八拍

1~2拍左腿屈膝向上吸腿一次。（图5-100）

图 5-99 图 5-100 图 5-101

3~4拍还原成预备姿势。

5~6拍右腿屈膝向上踢腿一次。（图5-101）

7~8拍还原成预备姿势。

第二个八拍

1~2拍左腿直腿向上踢腿一次。（图5-102）

图 5-102

3～4拍还原成预备姿势。

5～6拍右腿直腿向上踢腿一次。（图 5-103）

图 5-103

7～8拍还原成预备姿势。

第三个八拍　侧卧

1～2拍左腿屈膝向侧踢腿一次。（图 5-104）

3～4拍还原成预备姿势。

5～6拍左腿直腿向侧踢腿一次。（图 5-105）

图 5-104　　　　　　　　　　图 5-105

7～8拍还原成预备姿势。

第四个八拍

1～2拍右腿屈膝向侧踢腿一次。（图 5-106）

3～4拍还原成预备姿势。

5～6拍右腿直腿向侧踢腿一次。（图 5-107）

7～8拍还原成预备姿势。

【练习要求】

练习踢腿时，大小腿尽量叠紧，踢腿时要用力。

图 5-106

图 5-107

第七节：侧、后踢腿练习

【预备姿势】

直角坐，双手支撑在体后。

【动作做法】

第一个八拍

1～2拍左腿向左侧踢腿一次。（图5-108）

图 5-108

图 5-109

3～4拍还原成预备姿势。

5～8拍同1～4拍。

第二个八拍同第一个八拍。

第三个八拍

1～2拍右腿向右侧踢腿一次。（图5-109）

3～4拍还原成预备姿势。

5～8拍同1～4拍。

第四个八拍同第三个八拍。

第五个八拍

1～2拍原地翻滚180°成俯卧，两肘关节撑垫，左腿向后上方踢腿。（图5-110）

图 5-110

3～4拍还原成预备姿势。

5～8拍同1～4拍。

第六个八拍同第五个八拍。

第七个八拍

1～2拍俯卧，两肘关节撑垫，右腿向后上方踢腿。（图5-111）

图 5-111   图 5-112

3～4拍还原成预备姿势。

5～8拍同1～4拍。

第八个八拍同第七个八拍。

【练习要求】

侧踢腿练习时，腰部要用力，后踢腿时臀部要紧张。

第八节：手臂力量练习

【预备姿势】

跪撑在地面上。（图5-112）

【动作做法】

第一个八拍

1～4拍身体重心后移，两臂前撑，然后上体向前推移，胸、胯依次贴近地面，成俯撑。（图5-113）

图 5-113

5～8拍还原成预备姿势。

第二个八拍同第一个八拍。

第三个八拍

1～4拍挺髋，双脚向后与大腿紧叠，向下做俯卧撑一次。（图5-114）

5～8拍还原成预备姿势。

第四个八拍同第三个八拍。

图 5-114

【练习要求】

练习时两肘关节夹紧，腹部不能碰地。

复习思考题：

1. 运用课内所学的礼仪练习方法在实践中进行练习。

2. 至少参加两次以上学校组织的会议或商务接待工作，提高实践能力。

3. 学习或工作时间较长时，做一至两套办公室形体操。

4. 教会你的父母或顶岗实习期间的同事办公室形体操。

参考文献

1. 司马怡然．形象魅力学［M］．北京：中国戏剧出版社，1999.1.

2. 王红，朱宪玲．职业女性形象设计［M］．广州：广东旅游出版社，2004.8.

3. ［美］多丽丝·普瑟，张玲．我造我型个人风格与形象管理［M］．北京：中国纺织出版社，2010.4.

4. 刘思宇．你的形象就是你的价值［M］．北京：中国时代经济出版社，2006.1.

5. 常蕙．形体训练［M］．北京：高等教育出版社，2004.8.

6. 刘志红．形体练习教程［M］．北京：高等教育出版社，2003.1.

7. 杨斌．形体训练纲论［M］．北京：北京体育大学出版社，2003.5.

8. 张春燕．形体舞蹈速成［M］．广州：广东世界图书出版公司，2002.3.

9. 杨晓美，冯晓辉．形体运动［M］．北京：人民体育出版社，1998.1.

10. 樊莲香，阿理，汤海燕．形体与形象塑造［M］．广州：中山大学出版社，2004.7.

11. 姜桂萍．舞蹈体育舞蹈艺术体操［M］．桂林：广西师范大学出版社，2003.6.

12. 王璐．减肥课堂［M］．北京：作家出版社，2007.1.

13. 卓远．器械锻炼与游戏健身［M］．北京：人民军医出版社，2005.10.

14. ［美］蒋佩蓉．佩蓉谈商务礼仪［M］．北京：中华工商联合出版社，2009.1.

15. 徐克茹．商务礼仪标准培训［M］．北京：中国纺织出版社，2007.1.

16. 王家贵．现代商务礼仪简明教程［M］．广州：暨南大学出版社，2009.3.

17. 吕维霞，刘彦波．现代商务礼仪［M］．北京：对外经济贸易大学出版社，2006.1.

18. 袁春晓．管理你的职业形象［M］．北京：经济管理出版社，2010.7.

19. ［加］英格丽·张．你的形象价值百万世界形象设计师的忠告［M］．北京：中国青年出版社，2008.1.

20. 金正昆．社交礼仪［M］．北京：北京大学出版社，2005.

21. 韩红月．每天学一点礼仪［M］．北京：新世界出版社，2009.11.

22. 吴雨潼．职业形象设计与训练［M］．大连：大连理工大学出版社，2008.3.

23. 顾筱君．21世纪形象设计教程［M］．北京：机械工业出版社2009.3.